COMMENTAIRE

DES LOIS DES 17-23 JUILLET 1856

SUR

L'ARBITRAGE FORCÉ

ET

LES SOCIÉTÉS EN COMMANDITE

PAR ACTIONS

TYPOGRAPHIE HENNUYER, RUE DU BOULEVARD, 7. BATIGNOLLES.
Boulevard extérieur de Paris.

COMMENTAIRE

DES LOIS DES 17-23 JUILLET 1856

SUR

L'ARBITRAGE FORCÉ

ET

LES SOCIÉTÉS EN COMMANDITE
PAR ACTIONS

PAR J. BÉDARRIDE,

AVOCAT A LA COUR IMPÉRIALE D'AIX,
ANCIEN BATONNIER,
MEMBRE CORRESPONDANT DE L'ACADÉMIE DE LÉGISLATION DE TOULOUSE.

PARIS

AUGUSTE DURAND, LIBRAIRE,
RUE DES GRÈS, 7.

1857

APPENDICE

AU

COMMENTAIRE DU TITRE III, LIVRE I, DU CODE DE COMMERCE

DES SOCIÉTÉS

LOI DES 17-23 JUILLET 1856, SUR L'ARBITRAGE.

ARTICLE 1.

Les articles 51 à 63 du Code de commerce sont abrogés.

ARTICLE 2.

L'article 631 du même Code est modifié ainsi qu'il suit :

Art. 631. Les tribunaux de commerce connaîtront ; 1° des contestations relatives aux engagements et transactions entre négociants, marchands et banquiers; 2° des contestations entre associés pour raison d'une société de commerce; 3° de celles relatives aux actes de commerce entre toutes personnes.

DISPOSITION TRANSITOIRE.

ARTICLE 3.

Les procédures commencées avant la promulgation de la présente loi continueront à être instruites et jugées suivant la loi ancienne.

Les procédures seront censées commencées lorsque les arbitres auront été nommés par le Tribunal de commerce ou choisis par les parties.

SOMMAIRE.

1. Motifs du commentaire.
2. Caractère de la loi nouvelle, son utilité.
3. Elle place désormais les associés sur la même ligne que tous les autres citoyens à l'endroit de l'arbitrage.
4. Première conséquence. Application de l'article 1006 C. proc. civ. pour la régularité du compromis.
5. Invalidité de la clause compromissoire insérée dans l'acte social.
6. Deuxième conséquence. La dispense de se conformer aux règles, ou la renonciation à se pourvoir donnée en fait dans cet acte, ne serait pas obligatoire si elle n'était renouvelée.
7. Troisième conséquence. La prorogation du délai ne peut plus être poursuivie judiciairement.
8. Effets de l'expiration du délai légal ou conventionnel avant que les arbitres aient prononcé.
9. Quatrième conséquence. Le partage entre arbitres non autorisés à nommer un tiers met fin au compromis entre associés.
10. Obligation du tiers de juger dans le délai légal ou conventionnel. Effet de l'inobservation.
11. Cinquième conséquence. La sentence des arbitres sociaux est susceptible d'opposition à l'ordonnance d'exécution.
12. Examen des cas dans lesquels cette opposition est de rigueur. Comment ils s'établiraient.
13. Difficultés que peut soulever celui relatif au jugement sur choses non demandées.
14. Validité et effets de la clause donnant aux arbitres sociaux le droit de prononcer sur toutes les difficultés nées et à naître de la liquidation.
15. Modification que l'abrogation de l'arbitrage forcé a dû faire subir à l'article 631 C. comm. Reproches adressés à l'investiture des tribunaux de commerce. Réfutation.
16. La loi nouvelle ne régit pas les procédures commencées avant sa promulgation. A quelles conditions seront-elles considérées comme commencées.
17. Silence gardé à cet égard par le Conseil d'Etat. Motifs de le rompre, invoqués par la Commission du corps législatif. Utilité de l'art. 3.

18. *Quid*, si les arbitres déjà nommés n'acceptent pas, ou si l'un d'eux décède ou se déporte ?
19. Si, après avoir accepté, ils n'ont pas prononcé dans le délai qui leur était accordé?

1. Notre commentaire des sociétés était imprimé et prêt à être livré au public lorsque deux lois votées par le Corps législatif sur la proposition du gouvernement, et adoptées par le Sénat, sont venues, la première, abroger la juridiction exceptionnelle à laquelle le Code de commerce déférait les litiges entre associés ; la seconde imposer à la commandite par actions des conditions qu'on à crues suffisantes pour la ramener dans la voie de la loyauté dont elle s'était tant écartée.

Quel est le caractère de ces lois? Quels en seront les effets? comment doit-on les appliquer ? C'est ce que le désir de mettre notre œuvre au niveau de la législation nous a déterminé à rechercher.

2. L'abrogation de l'arbitrage forcé répond aux considérations que nous avons exposées sur l'art. 51 du Code de commerce. Elle avait donc d'avance recueilli toutes nos sympathies. A notre avis, elle constitue un véritable progrès que les conséquences de l'institution et les besoins réels du commerce sollicitaient depuis longtemps.

Tous ceux, en effet, qui avaient étudié l'arbitrage dans son principe, qui l'avaient suivi dans la pratique, s'étaient bientôt convaincus que jamais institution n'avait failli plus hautement, plus complétement aux espérances qui l'avaient fait consacrer. Son résultat le plus positif avait été d'offrir tous les inconvénients de la justice ordinaire, sans aucune des garanties de lumières, d'indépendance, d'impartialité qu'on rencontre chez nos honorables magistrats.

Ce résultat déplorable tenait moins encore au personnel des arbitres qu'à l'institution elle-même.

Ce que chaque partie cherchait dans son arbitre, c'était bien plus un défenseur empressé qu'un juge impartial. C'est ce dont était convaincu l'arbitre lui-même, et cette conviction, qui lui faisait redouter la rancune, la haine même qui devait surgir d'une décision contraire, ne lui dictait malheureusement que trop la conduite qu'il croyait devoir suivre. Comment d'ailleurs aurait-il condamné des prétentions que le plus souvent il avait suggérées lui-même comme conseil officieux ou officiel. Aussi, et sauf de très-rares exceptions, un partage venait constater le dissentiment des arbitres, et déférer à un tiers le droit de régler définitivement le litige.

A son tour, ce tiers trouvait dans la nature des choses la nécessité d'aboutir quelquefois à une injustice. Si ce tiers avait pu suivre ses propres inspirations, si, convaincu que la vérité ne se trouvait ni chez l'un ni chez l'autre arbitre, il eût été libre d'émettre une opinion nouvelle et indépendante, on arrivait à ce résultat qu'on obtenait trois avis isolés et point de jugement proprement dit. Celui-ci, en effet, ne peut résulter que de la majorité des suffrages de ceux qui y ont concouru. Il fallait donc, pour qu'on obtînt cette majorité, que le tiers se rangeât à l'une des deux opinions déjà exprimées.

De manière, observait très-judicieusement le rapporteur du Corps législatif, l'honorable M. Rigaud, que le tiers qui le premier peut-être entre dans l'examen du débat avec de véritables conditions d'impartialité n'est plus libre de juger selon ses inspirations et selon sa conscience. Il est obligé d'opter entre deux avis dont aucun peut-être ne lui paraît conforme à la justice.

Ainsi, dans certains cas, tout ce que pouvait le tiers, c'était de se prononcer pour l'opinion qu'il considérait comme la moins injuste. Sans doute, ce vice grave existe dans l'arbitrage volontaire, et celui-ci est conservé ; mais l'entière liberté que les parties ont de s'y soustraire est un légitime correctif. La loi ne peut se montrer plus exigeante que les intéressés eux-mêmes dans une matière où l'ordre public ne peut subir la moindre atteinte. Elle devait donc sanctionner une convention que des convenances urgentes sont dans le cas de déterminer. Ce qui était contraire à l'équité, c'était de rendre cette convention sous-entendue et obligatoire dans certains cas, et de forcer la partie à subir un abus auquel elle aurait voulu se soustraire.

La pratique n'avait pas tardé à le considérer ainsi. Le commerce lui-même, dont l'intérêt, disait-on, commandait le maintien de l'arbitrage forcé, n'avait jamais cessé de réclamer et de se plaindre, préparant ainsi le résultat que le nouveau législateur a si heureusement consacré.

3. Désormais donc les associés sont à l'instar des autres citoyens. Ils ne ressortissent que de la juridiction ordinaire, même pour les difficultés que la société sou-

lève entre eux ; mais ils peuvent les déférer à des arbitres. Cette faculté, consacrée par le droit commun, ne pouvait leur être refusée sans tomber dans l'excès contraire à celui qu'on voulait réprimer, sans froisser des convenances qu'il convenait de respecter.

Les associés sont donc libres d'obéir à ces convenances et de recourir à arbitres, si des inconvénients pouvaient naître d'un appel à la justice ordinaire. Mais l'abrogation de l'arbitrage forcé a eu pour résultat immédiat et direct de faire disparaître toutes les exceptions que son caractère avait fait subir aux principes du droit commun.

4. Ainsi, le Code de procédure devient l'unique règle à suivre. Pour les associés, désormais il n'y aurait plus de compromis valable que celui qui se conformerait aux dispositions de l'article 1006 de ce Code, c'est-à-dire qui désignerait les objets du litige et le nom des arbitres. L'omission de ces noms, le défaut d'actualité du litige, donneraient à la convention le caractère d'une promesse de compromis, et la clause compromissoire valable entre associés sous l'empire du Code de commerce ne serait plus pour eux que ce qu'elle est pour tous, un engagement dont l'exécution est subordonnée à la volonté de toutes les parties.

5. Peu importerait donc que le pacte social eût expressément déféré à des arbitres la connaissance des difficultés dont il deviendrait l'occasion. Cette clause, valable sous l'empire du Code, dont elle n'était que la conséquence, serait nulle aujourd'hui, parce que, contrairement à l'article 1006 du Code de procé-

dure civile, elle ne désignerait ni l'objet du litige ni le nom des arbitres.

A cet égard, il ne saurait s'élever aucun doute. L'hypothèse s'offrait si naturellement à l'esprit, qu'elle ne pouvait échapper à l'attention. La Commission du Corps législatif eut donc à l'examiner, et voici en quels termes son honorable rapporteur rend compte de la décision.

« Il nous a paru que la voie de l'arbitrage volontaire restant toujours ouverte aux parties, leurs véritables intérêts étaient suffisamment satisfaits par la faculté de compromettre. A notre sens, la juridiction arbitrale n'est bonne qu'autant qu'elle est réellement amiable et volontaire ; alors que les parties choisissent leurs juges librement et sans contrainte, pour un litige né et actuel, au jugement duquel elles peuvent appliquer des aptitudes spéciales. Mais autoriser les associés à s'engager par avance, et le plus souvent sans réflexion, à faire juger par des arbitres inconnus des contestations ignorées, c'était permettre de rétablir, par une convention, l'arbitrage forcé désormais effacé de la loi, et nous ne pouvions pas nous rendre coupables d'une pareille inconséquence. »

La Commission avait raison : rendre la clause compromissoire obligatoire pour les associés, c'était en revenir à l'arbitrage forcé, avec cette différence qu'il eût été conventionnel au lieu d'être légal. On ne corrige pas dans un jour des habitudes de cinquante ans, et long-temps encore le recours à arbitres se trouvera au bout de la plume du rédacteur de l'acte social ; indépendamment de ce qu'elle a été toujours considérée comme de style, cette clause est la conséquence de la nature des choses et de la position des parties. Au moment de la constitution de la société on n'entrevoit l'avenir qu'à travers le prisme des espérances qu'elle inspire. On croit au maintien, à la durée des sentiments de confiance et d'estime réciproques ; on ose à peine prévoir une difficulté, et si on le fait, ce sera pour la soustraire à la juridiction ordinaire.

D'ailleurs, dès qu'on faisait sortir les associés de la position exceptionnelle que leur faisait le Code de commerce, dès qu'à leur endroit l'arbitrage devenait purement volontaire, on ne pouvait les exempter des conditions faites à tous. Les dangers que les exigences de l'article 1006 du Code de procédure civile a voulu prévenir étant les mêmes, la solution ne pouvait être différente. L'exception tombait nécessairement avec le fait qui la produisait.

Donc, quels que soient les termes de l'acte social, l'engagement de s'en référer à arbitres n'est plus qu'une clause compromissoire des effets de laquelle chaque partie est libre de s'exonérer. Elle ne pourrait sortir à effet que si, persistant après l'ouverture du litige dans l'intention qui les animait avant, il intervenait entre elles une convention désignant la difficulté et le nom des arbitres.

6. De là cette conséquence : la convention nouvelle étant le seul, le véritable compromis, c'est par ses stipulations que se régiraient exclusivement la forme de l'arbitrage et les pouvoirs des arbitres. Supposez que

dans l'acte social il ait été convenu que les arbitres seraient dispensés de toute forme, qu'ils prononceraient
comme amiables compositeurs, ou que les parties aient
expressément renoncé à toute voie de recours contre
la sentence; ces stipulations ne seraient obligatoires que
si elles étaient reproduites dans la convention désignant les arbitres ; à défaut, parties et arbitres se trou-
veraient replacés sous l'empire du droit commun. On
devrait procéder en la forme ordinaire, et la sentence
pourrait être frappée d'opposition ou d'appel.

7. L'article 1007 du Code de procédure civile veut que
les arbitres prononcent dans les trois mois du jour du
compromis, si les parties n'ont déterminé aucun délai.
Un pareil délai ne pouvait évidemment suffire lorsque,
s'agissant de la dissolution d'une société qui avait été
longtemps exploitée, il fallait en chercher les résultats
dans des livres nombreux, et dépouiller de volumineuses
écritures.

Cependant le délai n'était pas moins obligatoire
dans l'arbitrage forcé lui-même. Seulement la doctrine et la jurisprudence avaient conclu de son caractère que la prorogation, refusée par une des parties,
pouvait être judiciairement poursuivie, et consacrée
par le tribunal. On ne pouvait admettre, puisque la
compétence arbitrale était forcée, que par ce refus et
par le changement de juges qu'il eût occasionné, la
partie rendît toute solution matériellement impossible.

La loi de 1856 enlève ce droit. Désormais la prorogation ne peut être que volontaire. Nul ne peut être
contraint de la subir malgré lui; plus de distinction

pour ce qui concerne les associés. L'art. 1007 est impératif et absolu pour eux. L'expiration du délai soit conventionnel, soit légal, sans que les arbitres aient prononcé, leur enlève toute attribution, tout droit et toute qualité pour le faire ultérieurement.

8. Notons à cet égard une autre conséquence non moins importante de la loi nouvelle. Sous l'empire du Code, en arbitrage forcé le défaut de prononciation dans le délai voulu, si aucune prorogation n'avait été consentie ou ordonnée, mettait bien fin aux pouvoirs et attributions des arbitres, mais il était sans influence sur la juridiction appelée à statuer, c'était à de nouveaux arbitres qu'il fallait recourir ; tout se résumait donc dans un changement de personnes, si les parties, obéissant à un intérêt évident, ne se décidaient pas à renommer ceux qu'elles avaient déjà choisis.

La loi de 1856, en rendant purement volontaire l'arbitrage entre associés, a fait cesser cet état de choses. Désormais l'expiration du délai soit conventionnel soit légal, sans qu'il ait été statué, met fin au compromis lui-même et rend aux parties la liberté d'agir comme elles le jugent convenable ; chacune d'elles a le droit de revenir sur le consentement qu'elle avait donné et de déférer le litige à la justice ordinaire [1]. C'est également ce qui se réaliserait en cas de refus, déport ou décès des arbitres.

9. En arbitrage forcé, le partage entre les arbitres devait être nécessairement vidé, l'appel du tiers était

____

[1] Voir *inf.*, n. 19.

inévitable; dans le silence de la convention à cet égard, le choix en appartenait au tribunal de commerce et pouvait être poursuivi par la partie la plus diligente.

La loi nouvelle a également fait cesser cet état des choses, et ramené les associés à la règle du droit commun. Aux termes de l'art. 1012 du C. proc. civ., le partage met fin au compromis si les arbitres n'ont pas reçu le pouvoir de choisir le tiers, ou si cette élection n'a été ni prévue ni réglée par la convention.

10. Enfin le tiers régulièrement élu est obligé de prononcer dans le mois de son acceptation. L'expiration du délai qui, en arbitrage forcé, n'aboutissait qu'à la nécessité d'une substitution ou qu'à la confirmation de la nomination précédente, aurait aujourd'hui pour effet d'anéantir le compromis lui-même et de rendre à chaque partie la liberté de s'adresser aux tribunaux ordinaires.

Il n'y a donc plus dans la constitution du tribunal arbitral, dans les obligations auxquelles il est astreint, aucune différence attachée à la qualité d'associé. Pour eux comme pour tous les citoyens, les règles tracées par le Code de procédure civile reprennent tout leur empire et produisent les mêmes effets.

11. Une dernière conséquence de la loi de 1856 est de rendre les dispositions de l'art. 1028 du C. proc. civ. communes à la sentence intervenue entre associés. Lorsque l'arbitrage était forcé, cette sentence était inévitablement un jugement, puisqu'elle émanait légalement du premier degré de juridiction. Les vices dont elle pouvait être entachée, les excès de pou-

voirs que le juge pouvait avoir commis ne consti-
tuaient que des griefs d'appel, à vérifier et à réprimer
par le degré supérieur.

L'arbitrage n'étant plus que volontaire dans tous les
cas, la sentence intervenue n'acquerra le caractère
d'un jugement que si elle a été rendue dans les limites
et dans les conditions exigées par la loi. Sortir de ces
limites, violer ces conditions, c'est excéder ses pouvoirs, usurper la puissance judiciaire, excès et usurpa-
tion qu'il convient de réprimer en refusant à la sentence toute force exécutoire. C'est donc par opposition
à l'ordonnance d'exécution qu'on devrait se pourvoir;
ce mode est non-seulement une faculté mais encore
un devoir. L'appel ou la requête civile que l'associé
formerait sur l'un des griefs énumérés dans l'art. 1028
du C. proc. civ. serait non recevable.

12. La question de savoir s'il a été jugé sans compromis ou en dehors du compromis, ou sur compromis
nul ou expiré, ne saurait offrir de difficultés sérieuses.
Ce sont là tout autant de faits matériels dont l'existence
ne saurait être méconnue, puisqu'elle résultera ou de
l'impossibilité de représenter le compromis, ou de la
comparaison de la sentence et de sa date avec les
causes et la date du compromis.

C'est également par l'examen de la minute de la
sentence qu'on vérifiera si elle est ou non signée par
tous ceux qui devaient y concourir. L'absence d'une
seule signature, lorsque les arbitres ne sont pas autorisés à juger les uns sans les autres, ferait révoquer
l'ordonnance d'exécution. Excepté le cas où le refus

ayant suivi la délibération, la cause en est indiquée conformément à la loi.

Enfin, la sentence doit prouver que le tiers a rempli l'obligation qui lui est faite de conférer avec les arbitres. L'absence de toute mention à cet égard ferait supposer que cette condition n'a pas été observée, et ferait perdre à la décision toute sa virtualité. La présomption contraire naîtrait de la constatation de l'accomplissement de cette formalité. Cette présomption n'empêcherait pas la preuve contraire, mais cette preuve ne saurait être fournie que par la voie de l'inscription de faux.

13. Enfin l'art. 1028 prescrit l'opposition à l'ordonnance d'exécution lorsque les arbitres ont prononcé sur choses non demandées. L'existence de ce grief peut faire naître quelques difficultés, non pas quant au principe en lui-même, mais sur son application, lorsqu'il s'agira de la dissolution de la société et de la liquidation des comptes et droits respectifs.

Il est évident que, si durant la société il avait été compromis sur une difficulté née à son occasion, n'affectant en rien son existence et devant seulement, soit régler les rapports à venir, soit appliquer les conséquences d'un fait déjà accompli, tout ce qui aurait été accordé au delà des prétentions respectivement émises constituerait un jugement sur choses non demandées et donnerait ouverture à l'opposition à l'ordonnance d'exécution.

On ne saurait, à notre avis, l'admettre ainsi lorsque la société étant dissoute, un compromis en défère volontairement la liquidation à des arbitres. Cette liquidation a pour objet de régler et d'établir définitivement la position des associés, de fixer la quotité de la perte que chacun d'eux doit supporter; donc la confier à des arbitres désignés, c'est leur confier la mission de faire tout ce que peut exiger ce règlement. Le jugement qui prononce, alors même que certains des griefs sur lesquels il statue n'auraient pas été relevés expressément dans les conclusions des parties, ne pourrait être considéré comme jugeant sur choses non demandées.

14.` Nous arrivons à cette conséquence que la clause du compromis, donnant mission aux arbitres de prononcer sur la liquidation et sur toutes les contestations nées ou à naître à son occasion, ne saurait être querellée au point de vue des exigences de l'article 1006 du Code proc. civ. Il ne faudrait pas étendre ces exigences au delà de la raison et leur faire signifier l'impossible. Or, en fait, au moment de la dissolution, les associés auxquels on permet de compromettre ignorent encore les difficultés que cette dissolution fera naître; ils ne peuvent donc satisfaire réellement à l'article 1006 qu'en les déférant toutes aux arbitres qu'ils choisissent. Dès lors aussi toute décision se référant directement à la liquidation est intervenue sur choses réellement demandées, alors même qu'elles n'auraient pas fait l'objet de conclusions formelles.

15. L'abrogation des articles 51 et suivants rendait indispensable la modification de l'article 631. Il convenait, puisqu'on supprimait la juridiction arbitrale, de désigner celle qui devait connaître des actions qui lui

avaient été jusque-là spécialement attribuées. C'est ce que fait l'article 2 de la loi.

Les contestations entre associés et pour raison de la société seront donc portées au tribunal de commerce, instruites et jugées comme les autres affaires ressortissant de sa juridiction.

De tous les reproches que cette disposition a suscités, un seul avait quelque chose de spécieux. Evidemment, lorsqu'il s'agira de dissolution, du dépouillement d'écritures volumineuses, il sera impossible d'y procéder à l'audience, les connaissances spéciales qu'il exige, le temps considérable qu'il consommera ne permettront pas même au tribunal de s'y livrer.

Ce peut être là un inconvénient, mais était-il de nature à déterminer le maintien d'une institution condamnée en principe par ses défenseurs eux-mêmes? On a eu grandement raison de ne pas le penser.

Tout ce qui résultera de là, c'est que le tribunal usera de la faculté que lui accorde l'article 429 Code proc. civ. L'exercice de cette faculté, utile dans les contestations importantes qui s'agitent entre commerçants non associés, perdra-t-il ce caractère, parce que la difficulté naîtra entre associés?

Ce mode, a-t-on dit, substitue l'opinion du rapporteur à celle des arbitres, car les juges, s'en référant à celui qu'ils ont jugé digne de leur confiance, seront portés à en adopter les appréciations qu'ils consacreront, et dont d'ailleurs ils ne seront pas toujours à même de reconnaître le vice.

On nous permettra de croire et de dire que le danger

qu'on signale est quelque peu chimérique. L'avis de l'arbitre a l'avantage de présenter des résultats, d'indiquer les difficultés et les bases des solutions qu'il admet. Sans doute, la vérification de ces bases exigerait un examen approfondi des livres et écritures, et cet examen n'est pas facile pour le tribunal. Mais ce que le juge ne peut faire, l'intérêt le prescrit à la partie, et ce devoir le rapport en rend l'exercice possible. En dégageant de tout nuage les points en litige, il indique le côté faible de chacun d'eux, permet à la discussion de s'établir, et provoque la preuve de l'erreur dans laquelle il serait tombé.

On ne peut donc pas dire avec fondement que l'avis du rapporteur fera la loi suprême du tribunal. La vérité est que, libre de le contrôler, la partie pourra toujours en signaler les vices, en obtenir la modification s'il en justifie la nécessité et l'opportunité. Est-ce se montrer trop exigeant que de lui demander cette justification.

Il n'y avait donc pas à hésiter, avec d'autant plus de raison que l'article 429 permet de députer trois arbitres rapporteurs. Voilà donc les parties dans l'état que leur faisait l'arbitrage forcé, avec cette différence signalée par l'honorable rapporteur de la loi, que, tandis que les arbitres juges prononçaient définitivement sur le litige, les arbitres rapporteurs ne donnent qu'un avis qui ne lie jamais le tribunal. C'est donc en réalité un degré de juridiction de plus qu'on offre aux parties, les tribunaux de commerce étant appelés à remplir, relativement à ces derniers, le rôle réservé aux Cours impériales sur l'appel des sentences rendues par les premiers.

16. L'article 3 règle les effets de la loi pour le passé. La non-rétroactivité est le principe essentiel de toute législation, mais ce principe n'est absolu que lorsqu'il s'agit de la création d'un droit nouveau, ou d'une modification foncière de celui qui existait avant, ou des conditions qui l'ont régi jusque-là.

Les lois qui se réfèrent exclusivement à l'exécution du droit sont des lois de procédure, qui saisissent le passé comme le présent, comme l'avenir ; une forme abolie ne saurait revivre, et, à quelque époque que remonte le principe de l'action, il suffit qu'on prétende l'exercer sous l'empire d'une législation pour qu'on soit obligé de se conformer à ses dispositions.

Devait-on ranger dans cette catégorie la loi de 1856 sur l'arbitrage forcé ? L'affirmative ne pouvait être douteuse, lorsque, en l'absence de stipulation dans l'acte social, le recours à la juridiction arbitrale n'était que la conséquence de l'article 51 du Code de commerce. L'abrogation de cet article effaçant une juridiction, personne n'aurait pu ni l'invoquer ni la contraindre. Cette considération avait déterminé le Conseil d'Etat à garder le silence sur les effets de la loi que personne ne pouvait méconnaître.

17. La Commission du Corps législatif pensa que ce silence devait être rompu, et cet avis, partagé depuis par le Conseil d'Etat, a motivé l'article 3 de la loi. Dicté par la prudence, cet article a, en outre, le mérite de résoudre une difficulté que les termes exprès de l'acte social pouvaient faire naître. Dans le cas, en effet, où l'arbitrage aurait été formellement stipulé, il n'était

plus seulement purement légal. Il était, en outre, conventionnel, et on aurait pu soutenir que le mérite de cette convention devait être régi par la loi en vigueur au moment du contrat, et que puisque, sous l'empire du Code, la clause compromissoire était valable entre associés, le consentement régulièrement donné constituait un droit acquis que la loi nouvelle n'avait pu modifier.

Cette prétention est condamnée expressément par l'article 3. Le législateur n'a considéré ce droit comme acquis que lorsque la promesse d'arbitrer a reçu un commencement d'exécution, que lorsque la procédure a été commencée, et cette condition ne peut résulter que de la nomination des arbitres par le tribunal ou par les parties.

La lettre de la loi laisse à désirer. En effet, qu'arrivera-t-il si les arbitres, choisis ou nommés avant la promulgation de la loi, n'ont pas accepté cette qualité, si l'un d'eux vient à décéder ou à se déporter ?

18. La non-acceptation par les arbitres rend leur nomination sans effets possibles ; dès lors cette nomination n'a jamais existé et la condition exigée par notre article ne se réalisant pas, la loi nouvelle devient applicable. Il n'en est pas ainsi en cas de décès ou de déport de l'arbitre. La nomination est valable pour l'acceptant, et puisque dans ce cas l'affaire doit être instruite et jugée suivant la loi ancienne, on procéderait au remplacement de l'arbitre décédé ou se déportant conformément à ses dispositions ; la procédure est réellement commencée, le droit par conséquent acquis.

Il ne saurait dès lors être perdu par le fait personnel d'un arbitre qui ne serait que trop souvent que le fait de la partie. Tel paraît être l'esprit de la loi.

19. Du principe que la procédure commencée doit être instruite et jugée suivant la loi ancienne, il suit que si le délai conventionnel ou légal dans lequel les arbitres doivent prononcer n'est pas suffisant, la prorogation pourrait en être demandée et prononcée par le tribunal. Mais si cette précaution est omise et que le délai expire sans que les arbitres aient prononcé, sera-t-on contraint de procéder à une nouvelle nomination ?

Nous ne saurions l'admettre. L'expiration du délai a définitivement terminé la procédure dont le début, s'étant accompli sous l'empire de la loi ancienne, la plaçait dans l'exception autorisée par la loi nouvelle. Il n'y a donc plus de procédure commencée, tout est épuisé, et comment, cette circonstance survenant depuis la promulgation de cette dernière, pourrait-on échapper à sa disposition, sans donner à la clause compromissoire une autorité qu'elle lui refuse.

Sans doute, et nous le disions tout à l'heure, le fait des arbitres ne peut enlever un droit acquis aux parties; mais dans l'hypothèse que nous examinons, il n'en est plus comme dans celle du refus, du décès ou du déport d'un arbitre. Son remplacement dans ce dernier cas est non une procédure nouvelle, mais la continuation de la procédure entamée; de plus, la partie est complétement étrangère à l'un ou à l'autre.

Dans le cas de l'expiration du délai, cette partie a le tort de n'avoir pas fait prononcer la prorogation;

donc elle ne saurait exciper de la négligence des arbitres sans se convaincre elle-même d'une négligence au moins égale. L'omission de l'exercice du droit que la loi lui donnait ne saurait être un titre l'autorisant à contraindre l'exécution de la clause compromissoire en l'état d'une loi qui lui refuse tout effet.

L'expiration du délai s'accomplissant sous son empire met fin non pas seulement aux pouvoirs des arbitres en retard de prononcer, mais encore au compromis lui-même. Il n'y a donc qu'un compromis nouveau qui puisse contraindre les parties à recourir à un second arbitrage ; accorder un effet quelconque à une procédure que le fait a annulée, ce serait violer la règle : *quod nullum est nullum producit effectum.*

Notre travail allait être livré à l'impression lorsque, recevant le dixième cahier du *Journal de Marseille*, année 1856, nous y avons trouvé deux jugements consacrant notre doctrine. En voici les motifs :

« Attendu que la loi du 17 juillet 1856, après avoir, en son article premier, abrogé les articles 51 à 63 du Code de commerce, et modifié, en son article 2, l'article 631 du même Code sur la compétence des tribunaux de commerce, dispose dans son article 3 et dernier que les procédures (devant arbitres) commencées avant la promulgation de ladite loi continueront à être instruites et jugées suivant la loi ancienne ; que les procédures seront censées commencées lorsque les arbitres auront été nommés par le tribunal de commerce, ou choisis par les parties ;

« Attendu que si le nouveau législateur, en faisant

disparaître une juridiction qui avait mal répondu aux espérances de celui qui l'avait instituée, n'a pas voulu que la loi du 17 juillet 1856 eût un effet rétroactif, il n'en est pas moins évident qu'il n'a entendu laisser fonctionner les arbitrages forcés que là où il y avait des juges dans l'exercice de leurs pouvoirs, en un mot, un arbitrage constitué ; que, dans le cas contraire, il y eût eu contradiction entre la pensée qui avait motivé la présentation et le vote de la loi et les moyens employés pour la réaliser, puisqu'en abolissant l'arbitrage forcé pour l'avenir on aurait laissé subsister le droit de nommer les arbitres, c'est-à-dire de constituer à futur des tribunaux arbitraux ;

« Que, en effet, dans l'espèce, le délai fixé, sous l'empire de la loi abrogée, aux arbitres nommés par le tribunal ou par les parties, étant expiré sans qu'ils eussent rien décidé dans la cause qu'ils instruisaient, leurs pouvoirs avaient si complétement et réellement disparu, et ils étaient si peu arbitres qu'il ne leur serait pas venu à la pensée de sentencier sur quoi que ce fût, en ladite cause, avant d'avoir reçu de nouveaux pouvoirs puisés là où les premiers avaient eu leur source ;

« Attendu que le sieur Abram oncle l'a implicitement reconnu, lorsque, dans la citation du 24 mai dernier, qui n'avait eu aucun résultat lorsque la loi du 17 juillet est devenue obligatoire, il a demandé d'abord, et mal à propos, puisqu'on ne peut proroger que ce qui existe, que les pouvoirs des arbitres fussent prorogés et ensuite que là où l'adversaire ne voudrait pas renommer son arbitre, il fût tenu d'en nommer un nouveau, autrement pourvu par le tribunal;

« Que vainement le sieur Abram oncle voudrait exciper de la procédure antérieurement faite, et qui, sur sa demande rejetée, resterait en pure perte, le tribunal ne pouvant plus aujourd'hui ni nommer des arbitres, ni concéder acte de nomination d'arbitres sans avoir recours dans l'un et l'autre cas à une loi qui a cessé d'exister;

« Qu'il est donc évident que la loi du 17 juillet n'a entendu et n'a pu entendre parler que d'arbitres déjà nommés et dans l'exercice de leurs fonctions, et qu'à ceux-là seuls il est permis de survivre à la loi qui les avait institués. »

LOI

SUR LES SOCIÉTÉS EN COMMANDITE

PAR ACTIONS.

AVANT-PROPOS.

20. Depuis longtemps les scandales inouïs auxquels les sociétés en commandite par actions avaient donné lieu, les escroqueries multipliées dont elles avaient été l'occasion, les troubles et les perturbations qu'elles imprimaient au crédit public, appelaient l'intervention active du législateur, et le mettaient en demeure de remédier à un mal devenant chaque jour plus grave.

La loi que nous nous proposons d'examiner est venue réaliser cette intervention et créer ce remède. Disons-le tout de suite : elle est sans contredit de nature à diminuer l'audace des faiseurs, à leur susciter des obstacles. Sera-t-elle suffisante pour faire cesser ces abus si énergiquement signalés par le législateur lui-même ? C'est ce dont il est permis de douter. Le dol et la fraude sont si subtils, ils ont su tourner tant d'autres obstacles, se jouer de tant d'autres difficultés, qu'on peut sans témérité prévoir et craindre qu'ils ne parviennent à éluder les précautions auxquelles on a cru devoir s'arrêter.

21. A notre avis, un seul remède pouvait et devait être efficace, à savoir la prohibition de la division du capital par actions dans la commandite. Tout le monde reconnaissait les inconvénients énormes de cette division. On ne devait dès lors, ce semble, la maintenir que si les avantages qu'elle offrait étaient de nature à l'emporter sur les inconvénients, ce qui est loin d'être démontré.

Supprimer l'usage pour empêcher l'abus, disait l'exposé des motifs, est un procédé violent : c'est une extrémité à laquelle il ne faut avoir recours que lorsqu'il est impossible d'employer des moyens plus modérés. La société en commandite par actions est entrée profondément dans les habitudes du monde industriel. On ne doit pas méconnaître qu'elle lui a rendu de véritables services, en donnant le moyen d'exécuter ce qui, sans elle, aurait été impossible.

Non, il ne faut pas que la crainte de l'abus fasse supprimer l'usage, lorsque cet usage est rationnel, loyal, légitime. Mais si l'usage n'est lui-même qu'un abus, pourquoi hésiter à le supprimer. Or, que tel soit le caractère que la société en commandite par actions a revêtu, c'est ce qu'il est impossible de méconnaître.

Il est des entreprises qui exigent des fonds si considérables, et par conséquent des intéressés si nombreux, que la commandite ne saurait se les proposer. Mais le Code de commerce y avait heureusement pourvu, au moyen de la société anonyme. Or, est-il naturel qu'un fondateur, projetant une de ces opérations, s'expose à une responsabilité indéfinie, lorsque, par l'adoption de la forme anonyme, il ne serait jamais tenu au delà de sa mise ?

Sans doute l'adoption de cette société oblige à se pourvoir de l'autorisation du gouvernement ; mais si l'objet de la société est réellement avantageux, si l'apport du fondateur est sérieux, si ses prévisions sont fondées, cette autorisation ne lui serait pas refusée. On peut donc soupçonner que si l'on n'ose même pas la solliciter, c'est qu'on veut surtout échapper à tout contrôle devant lequel ne résisterait pas la spéculation qu'on projette.

Voyez combien les faits répondent à cette idée. Nous avons déjà dit que de 1826 à 1838 il s'était formé mille sept sociétés en commandite par actions, au capital de 952,642,300 francs. Or, au jugement de l'éminent M. Delangle, presque toutes ces sociétés étaient des œuvres d'escroquerie et de fraude. C'est pour tromper les actionnaires, pour les dépouiller et se faire à leurs dépens d'insolentes fortunes qu'elles étaient imaginées.

On serait tenté de se demander comment de pareilles entreprises ont pu parvenir à faire successivement tant de victimes. La cause en est dans notre caractère national lui-même. L'illustre d'Aguesseau l'a dit depuis longtemps avec grande vérité : il n'y a pas de pays comme la France où l'on puisse hasarder plus aisément des entreprises qui ne roulent que sur l'opinion. Il n'y a pas de projet, quelque extravagant qu'il soit, qui ne trouve des adeptes.

Ce caractère, largement exploité de 1826 à 1838, n'a pas cessé de l'être depuis. La spéculation a même pris des proportions plus larges encore, encouragée par une circonstance qui se réalisa à cette dernière époque.

22. On sait que le gouvernement, justement ému des désastres que ces sociétés entraînaient, et résolu d'y porter remède, crut devoir proposer de prohiber la division en actions du capital des sociétés en commandite. Malheureusement la Commission de la Chambre des députés ne crut pas devoir adopter le projet ; plus malheureusement encore, elle crut devoir lui substituer une série de dispositions dont l'exécution, loin de faire cesser un mal incontesté, était de nature à l'aggra-

ver encore. La clôture de la session, avant toute discussion, laissa le projet enfoui dans les cartons, d'où personne ne fût tenté de le tirer.

Cette tentative stérile, constituant en quelque sorte un aveu d'impuissance, enhardit la fraude. Ses développements acquirent un nouveau et bien déplorable degré d'activité.

Le rapport de l'honorable M. Langlois constate, en l'absence de tout document officiel, que du 1er juillet 1854 au 30 juin 1855, une seule feuille, le *Journal général d'Affiches*, avait publié l'annonce de deux cent vingt-cinq sociétés en commandite par actions, s'élevant à un capital total de 968,000,000 fr.

D'autre part, nous lisons dans un rapport de M. le président du tribunal de commerce de Paris, publié par *le Droit* du 13 juillet 1856, que du 1er juillet 1855 au 1er juillet 1856, il s'est formé cinq cent cinquante-une sociétés en commandite par actions, représentant un capital de 1,921,672,000 fr.

Ainsi, dans l'espace de deux ans, la circulation des valeurs s'est accrue de trois milliards, et cela sous les prétextes les plus misérables, les plus futiles. Exemple : le prospectus d'une société au capital de 50 millions pour marier l'Afrique avec l'Amérique, et fondre ainsi les races.

La profondeur du mal était énergiquement constatée par le législateur lui-même. Voici en effet ce qu'il relevait dans l'exposé des motifs.

« Lorsque, par l'effet des troubles civils et des agitations politiques, l'essor de l'industrie et la confiance des capitaux se trouvaient comprimés, comme personne ne songeait à former des sociétés sérieuses et honnêtes, personne ne pouvait espérer le succès de sociétés conçues dans des vues criminelles. Mais lorsque, l'ordre s'étant rétabli dans le pays, l'activité industrielle à pu reprendre son élan ; lorsque le crédit public, s'appuyant sur les sympathies populaires, s'est montré sous des formes et avec une puissance jusqu'alors inconnues ; lorsqu'une paix glorieuse est venue partout inspirer la confiance qui fait naître et réussir les grandes entreprises ; lorsqu'en un mot la prospérité générale s'est manifestée par le nombre et l'importance des transactions, on a pu constater que les affaires équivoques, les spéculations frauduleuses reprenaient aussi leur funeste activité. Les annonces de sociétés en commandite par actions ont de nouveau paru, exposant les plus étranges projets, demandant des capitaux considérables, promettant des bénéfices immenses, employant tous les moyens de séduction déjà connus, et en imaginant d'autres au besoin. Les leçons de l'expérience n'ont point suffi pour empêcher ces manœuvres de produire leurs effets ; il n'y a que trop d'exemples de sociétés dont les actions, avilies presque le lendemain de leur émission, ont entraîné la ruine de ceux qui ont eu la folie de les accepter. »

Ce qui ressort en réalité de la pratique et de l'expérience, c'est que dans la commandite par actions, les sociétés sérieuses et loyales sont devenues l'exception. En présence d'un pareil résultat pouvait-il être utile de maintenir l'usage ? Ne devait-on pas le supprimer pour rappeler le commerce dans cette voie de loyauté que son intérêt même lui prescrit ?

23. On a craint que cette suppression ne fût la ruine de la commandite, ce qui eût été un véritable malheur. Mais cette crainte n'était possible que s'il était prouvé que la division du capital en actions était de l'essence de cette société, conforme à son but, nécessaire à ses développements ; or, la vérité ne permet et n'a jamais permis de l'admettre ainsi.

La création d'actions n'a pas d'autre objet que de fournir un nouvel aliment à la spéculation commerciale, par la négociation et la circulation des valeurs dont elle est l'origine. Les actionnaires n'interviennent donc que pour profiter des chances de cette circulation, c'est-à-dire que pour prendre part au mouvement commercial que leur opération va déterminer.

Ce but est précisément le contraire de celui que se propose la commandite. De tout temps celle-ci n'a eu pour objet que d'attirer dans le commerce les capitaux de ceux que leur qualité, leurs dignités ou leurs fonctions écartaient de tout négoce.

Pour eux donc l'association ne pouvait être une occasion de violer la prohibition ou de méconnaître l'incompatibilité. Ce qu'ils y cherchaient, ce qu'ils y trouvaient, c'était cet intérêt que la législation ordinaire ne permettait qu'à condition d'aliénation du capital.

24. Aussi est-ce dans ces limites que la commandite avait été restreinte dans la pratique. Nous en demandons pardon à l'honorable rapporteur du Corps législatif, mais rien ne justifie l'ancienneté qu'il attribue à

l'usage des actions dans la commandite. L'école italienne ne présente aucun vestige de cet usage, et si en France nous rencontrons la division du capital en actions, c'est ailleurs que dans celle-ci. Les grandes entreprises que Sully, Richelieu et Colbert organisèrent, la Compagnie des Indes orientales ou occidentales, celle du Sénégal, la banque de Law elle-même, ne furent que de véritables sociétés anonymes, que des lois spéciales créèrent exceptionnellement et qui ne puisèrent rien dans la législation commerciale alors en vigueur.

L'article 38 du Code de commerce, en permettant la division par actions du capital de la commandite, introduisit donc un droit nouveau. On peut d'autant plus s'en étonner que l'agiotage effréné qui avait accueilli les actions des entreprises que nous venons d'indiquer n'avait pas manqué de produire ses résultats ordinaires, tels que nous avons encore à les déplorer aujourd'hui.

25. Ce droit nouveau, loin de rentrer dans les conditions de la commandite ordinaire, en méconnaissait le véritable caractère, n'ajoutait rien aux éléments heureux que cette institution renfermait pour le commerce. Voyez l'Italie du douzième siècle : les merveilles commerciales qu'elle en avait fait sortir ne furent-elles pas accomplies sans actions négociables, et par la seule vertu de ce genre d'association?

On pouvait donc abroger l'article 38 du Code de commerce. On ne faisait que restituer à la commandite son caractère primordial, sans lui rien enlever de son efficacité. On ne tuait que l'agiotage, que la spéculation déloyale et frauduleuse, contre lesquels tant de justes réclamations n'ont pas cessé de protester.

26. Si ce moyen paraissait trop énergique, ne devait-on pas au moins accueillir la proposition d'exiger pour la commandite par actions l'autorisation du gouvernement? La création d'actions est un emprunt fait à la société anonyme. Quels pouvaient être dès lors les motifs qui devaient la dispenser des précautions que le législateur a cru devoir prendre pour cette dernière? Les dangers que ces précautions ont pour objet de prévenir n'existent-ils pas dans la commandite par actions comme dans l'anonyme?

Or, de deux choses l'une : ou ces précautions sont utiles et indispensables, ou vaines et inutiles. Dans cette dernière hypothèse, pourquoi les maintenir dans la société anonyme.

Un moment on a soutenu cette inutilité; mais cette opinion est aujourd'hui unanimement désertée. Les inconvénients qu'on attribuait à la nécessité de l'autorisation ne sauraient être mis en regard avec les garanties que cette mesure assure à l'intérêt général, à l'intérêt privé lui-même.

27. Ces garanties, si utiles dans l'anonyme, perdraient-elles ce caractère dans la commandite par actions? On l'a ainsi prétendu, en s'étayant de la responsabilité indéfinie des gérants. Une malheureuse expérience n'a que trop appris ce que devenait cette responsabilité. C'est surtout contre les entreprises frauduleuses qu'on devait se mettre en garde. Or, est-ce

que, dans des entreprises de ce genre, les gérants ont d'autre fortune que les actions qu'ils se sont attribuées et dont ils ont soin de se débarrasser au plus tôt? D'ailleurs, cette responsabilité, utile aux tiers, est-elle de quelque secours aux associés, contribuant à la perte que l'opération ne manque jamais de produire, et qui absorbe l'intégralité de leur intérêt? donc pour les actionnaires la responsabilité du gérant ne saurait remplacer la garantie qu'ils puisaient dans l'autorisation du gouvernement.

28. Cette responsabilité ne répond nullement non plus à l'un des motifs qui ont fait consacrer la nécessité de cette autorisation. Les grandes entreprises commerciales, disaient les auteurs du Code, ne sont avantageuses au commerce que lorsqu'elles ajoutent à ses ressources de nouveaux moyens de circulation et de crédit; que lorsqu'elles ont pour objet un commerce nouveau, éloigné, ou hors de portée des commerçants. Elles sont dangereuses si elles établissent un commerce sur des objets que tous les commerçants peuvent atteindre, en ce qu'elles favorisent un monopole funeste au commerce. »

A ce point de vue, plus la commandite par actions sera sérieuse et sincère, plus son capital important, plus imminent sera le danger. Une concurrence effrénée anéantira facilement les établissements déjà fondés ou en voie de se fonder, entraînera la ruine d'une foule de familles, au détriment du public lui-même. Le monopole acquis, l'exagération du prix de revente ne rencontrera plus d'obstacles : ne voudra-t-on pas, en effet, récupérer les pertes que la concurrence a occasionnées, et réaliser les bénéfices qu'on s'est promis.

La liberté absolue laissée à la commandite par actions rend l'intention du législateur, à cet égard, sans effets possibles. La loi de 1856 obvie jusqu'à un certain point à la constitution fictive de la société, mais elle n'a rien statué quant à son objet. Le monopole pourra donc impunément se produire, et cependant ceux qu'il menace n'avaient-ils pas droit à la protection du législateur ?

Aucune différence ne pouvant exister dans les effets, on devait n'en faire aucune sur la nature de la société, et appliquer à la commandite une mesure considérée comme essentielle dans l'anonyme. On le pouvait fort rationnellement, puisque la première empruntait à la seconde son moyen le plus énergique, il était naturel qu'on la soumît aux conditions auxquelles ce moyen était subordonné dans celle-ci.

29. Les objections que la proposition a soulevées étaient-elles bien sérieuses ? Examinons :

On a dit d'abord que la nécessité de l'autorisation entraînerait la ruine de la commandite et enlèverait au commerce les précieuses ressources qu'il a puisées, qu'il est appelé à puiser dans cette institution.

Mais on n'a demandé cette mesure que pour la commandite par actions, elle ne pouvait donc exercer aucune influence sur la commandite simple et ordinaire. Les secours que celle-ci donne, les services qu'elle est appelée à rendre ne se trouvaient ni altérés ni même menacés.

Pourquoi d'ailleurs la nécessité de cette autorisation aurait-elle agi sur la commandite par actions autrement qu'elle ne l'a fait pour la société anonyme? Or, elle n'a point tué celle-ci, et ce qui le prouve, c'est qu'en 1856 il existait encore trois cent cinquante-une sociétés de cette nature, représentant un capital total de dix-neuf cent vingt-neuf millions.

Ce qui aurait nécessairement succombé devant cette nécessité, c'étaient les sociétés organisées dans le but unique de favoriser l'agiotage et le jeu, de spéculer sur la crédulité publique, *de tromper les actionnaires, de les dépouiller, et se faire à leurs dépens d'insolentes fortunes.* Mettre fin à ces scandales ne pouvait exciter les regrets de personnes autres que ceux qui osaient les exploiter.

30. Cette nécessité aurait-elle encouru cet autre reproche de méconnaître la liberté qui doit présider aux opérations commerciales? Tout homme qui crée une entreprise, disait M. le rapporteur du Corps législatif, doit pouvoir choisir la forme d'association qui convient à son industrie. La loi n'intervient pas dans les contrats particuliers; c'est au fondateur à fixer son capital, à déterminer la durée de la société, à créer les actions, à organiser les assemblées des associés, à appeler les capitaux, à régler leur destination et leur emploi, à faire, en un mot, ces stipulations si variées qui constituent la charte de chaque société. Là est l'empire de la liberté.

Rien à nos yeux n'est aussi sacré, aussi inviolable que le principe de liberté; mais le respect qui lui est dû ne saurait jamais permettre de le laisser dégénérer en licence. Ses limites sont nettement tracées par les exigences de l'ordre public et de l'intérêt général. Des règles destinées à tracer ces limites deviennent même un devoir impérieux pour le législateur, si des motifs légitimes et sérieux inspirent des craintes fondées.

Or, M. le rapporteur nous le dit lui-même, ici l'abus est bien voisin de la liberté, et l'esprit d'agiotage touche de près à l'esprit de spéculation.

« Ce qui est redoutable, ajoutait le rapport, c'est cet esprit de jeu qui, à certaines époques, tend à prévaloir dans la société ; car, tout ce qui introduit le hasard parmi les hommes les corrompt. On entend du bruit, on voit de l'activité ; mais c'est une activité vicieuse : elle rend la nation inquiète, cupide, téméraire, d'économe et de laborieuse qu'elle était auparavant. »

Cela donné, le devoir du législateur semblait tout tracé. Il lui appartenait de proscrire les éléments de ce jeu destiné à corrompre la nation. Cette proscription ne méconnaissait en rien le principe de liberté, elle le moralisait en l'empêchant de dégénérer en licence ; à plus forte raison pouvait-on, sans y porter atteinte, soumettre l'exécution du principe à la surveillance du gouvernement ; la nécessité de son concours laissait le fondateur libre de choisir la forme d'association qui lui conviendrait le mieux, d'en déterminer le capital et la durée, de rédiger la charte de la société. Seulement s'il optait pour la commandite par actions, il était obligé de prouver par l'autorisation même le caractère loyal et utile de son projet.

La preuve que cette exigence se concilie parfaitement avec le principe de liberté, c'est que ce que l'on demandait pour la commandite par actions existe pour la société anonyme, ce dont personne ne méconnaît plus l'utilité. Comment donc admettre que ce qui est légal et inoffensif dans ce cas serait odieux et attentatoire à la liberté dans l'autre?

En résumé donc, réglementer la forme d'une société, la subordonner à des conditions dictées par l'ordre public et l'intérêt général, loin de constituer un abus quelconque, n'est que l'accomplissement d'un devoir auquel nul législateur n'a jamais failli; que la loi nouvelle elle-même n'a pas hésité de remplir. Que sont, en effet, les conditions exigées par les articles 1, 2, 3, 4, 5, sinon des restrictions aux conséquences que l'honorable rapporteur déduisait tout à l'heure du principe de liberté? On pouvait donc aller sans crainte au delà, si d'ailleurs les circonstances l'exigeaient.

31. Enfin, contre la proposition, on a allégué les longueurs que la concession de l'autorisation entraînerait, la perte de temps qui en résulterait, les répugnances que son principe excite chez les commerçants. Tout cela est fort exagéré; nous n'en voulons pas d'autre preuve que l'existence en 1856 de ces trois cent cinquante et une sociétés anonymes, au capital de deux milliards.

La répugnance, et une répugnance invincible, n'est admissible et réelle que chez ces faiseurs qui ne cherchent qu'à s'enrichir aux dépens de leurs dupes. On comprend ce sentiment de leur part, parce que d'avance ils sont convaincus que leurs projets seraient impitoyablement repoussés ; ce qui ferait échouer leur coupable entreprise.

Pourquoi cette répugnance serait-elle partagée par les auteurs d'un projet sérieux, d'une découverte réellement utile ? N'est-ce pas le succès qu'ils se proposent ? Or l'approbation du gouvernement attestant le caractère loyal, les chances favorables de l'opération, n'est elle pas un élément énergique de ce succès ? n'est-elle pas un utile appel à la confiance ?

Sans doute, la perte de temps est regrettable; mais dès qu'on admet le principe d'ordre public qu'il convient de protéger les citoyens contre leur légèreté, leur imprudence, contre leur folie, comment exclure les moyens indispensables pour atteindre ce but ?

Le principe que nous rappelons, loin d'être méconnu, a été consacré par la loi de 1856. L'article 4 le prouve; seulement on a cru devoir substituer le contrôle des intéressés à celui du gouvernement. Cette substitution est-elle heureuse ? procurera-t-elle cette économie de temps qu'on s'en est promis? Nous l'examinerons en nous occupant de cet article, et nous arriverons peut-être à ce résultat, que le mode consacré offrait tous les inconvénients de celui qu'on repoussait, sans réunir aucun de ses avantages.

Ajoutons que, dût une perte de temps résulter de la nécessité de l'autorisation, il n'y avait pas à hésiter. Pouvait-on mettre cet inconvénient en regard des avantages qui résultaient du concours obligé du gouvernement? Ce concours mettait un terme à ces spéculations frauduleuses qui sèment sur leurs pas la ruine et la misère, sauvegardait le crédit public et les fortunes particulières ; il diminuait, il est vrai, la masse des effets en circulation, mais il ne faisait disparaître que ces valeurs fictives bonnes uniquement à ruiner ceux qui ont la folie de les accepter ; enfin il mettait un frein à l'agiotage et au jeu, et prévenait ainsi la corruption qu'engendrent l'un et l'autre.

32. Les observations qui précèdent nous inspirent un regret et non un blâme pour la loi nouvelle. Nous rendons un hommage mérité à ses auteurs, et toutes nos sympathies sont acquises à leurs prescriptions. On les a considérées comme un palliatif suffisant, et on a pu de bonne foi les préférer au remède énergique qui s'offrait.

Puissent les espérances qu'on s'est promises se réaliser ! Le but est assez précieux pour que chacun s'associe énergiquement à tout ce qui est de nature à le déterminer. Aux citoyens, à respecter la loi, à lui obéir loyalement et fidèlement ; aux tribunaux, à veiller à sa stricte exécution.

Que si l'avenir rendait ces espérances vaines, le remède ne rencontrerait plus ces honorables scrupules qui l'ont fait repousser pour le moment. Nous venons de déblayer en quelque sorte le terrain, et de démontrer la légalité et la possibilité d'un acte que la continuation de l'abus ferait inévitablement consacrer. En attendant, examinons la nature des dispositions de notre loi, et disons ce qu'elle doit être dans l'exécution, en constatant ce que le législateur a voulu qu'elle fût.

ARTICLE 1.

Les sociétés en commandite ne peuvent diviser leur capital en actions ou coupons d'actions de moins de cent francs, lorsque ce capital n'excède pas deux cent mille francs, et de moins de cinq cents francs lorsqu'il est supérieur.

Elles ne peuvent être définitivement constituées qu'après la souscription de la totalité du capital social, et le versement par chaque actionnaire du quart au moins du montant des actions par lui souscrites.

Cette souscription et ces versements sont constatés par une déclaration du gérant dans un acte notarié.

A cette déclaration sont annexés la liste des souscripteurs, l'état des versements faits par eux, et l'acte de société.

ARTICLE 2.

Les actions des sociétés en commandite sont nominatives jusqu'à leur entière libération.

ARTICLE 3.

Les souscripteurs d'actions dans les sociétés en commandite sont, nonobstant toute stipulation contraire, responsables du payement du montant total des actions par eux souscrites.

Les actions ou coupons d'actions ne sont négociables qu'après le versement des deux cinquièmes.

SOMMAIRE.

33. L'ensemble des précautions que devait sanctionner la loi nouvelle était naturellement indiqué par la pratique qui rendait cette loi indispensable. Les ruses connues, le moyen de les déjouer, d'en prévenir le retour, devaient exclusivement préoccuper le législateur.

« Or, disait l'exposé des motifs, les stipulations et les ruses dont on fait usage pour attirer l'argent dans les sociétés en commandite sont variées. Mais, bien examinées, elles rentrent dans un cercle assez étroit, et se réduisent à quelques procédés qui, différant par les détails, sont au fond et en réalité les mêmes. L'exagération de la valeur des apports en nature ; la distribution des actions d'après cette appréciation ; la forme au porteur, qui donne une si dangereuse facilité pour se défaire d'actions mal acquises, et sans qu'on puisse suivre leurs traces dans les mains qui se les transmettent ; la valeur nominale rendue illusoire par la faculté de faire des versements minimes au moment de l'émission ; la composition des Conseils de surveillance, dans lesquels on entre, soit par faiblesse, soit par calcul, souvent même avec de mauvais desseins, presque toujours dans la pensée qu'aucune responsabilité n'est attachée aux fonctions qu'on accepte ; enfin, la distribution de dividendes fictifs pris sur le capital social, tantôt à l'insu des Conseils de surveillance, tantôt de concert avec eux : telles sont les manœuvres le plus fréquemment employées pour tromper le public. »

De ces manœuvres, les unes étaient de nature à être prévenues pas l'imposition de conditions tendant à les empêcher de se produire; d'autres, au contraire, impossibles à empêcher matériellement, ne pouvaient l'être que par la crainte de la peine destinée à les réprimer. Ce double point de vue offre l'économie de la loi nouvelle, et en explique les dispositions.

34. L'article 1er réglemente la société, en tant qu'elle n'est encore qu'un simple projet, et indique les conditions de sa constitution définitive. Ces conditions sont la souscription du capital social entier, le versement du quart des actions souscrites, le taux de la valeur nominale des actions. L'utilité de ces conditions ressort des abus qu'elles ont pour objet de prévenir.

Sous l'empire du Code de commerce, le fondateur était libre de déterminer l'époque à laquelle la société pourrait commencer ses opérations. Quel que fût le capital social, on ne manquait pas de stipuler que la société serait définitivement constituée dès que les souscriptions auraient atteint un chiffre déterminé, que le fondateur fixait arbitrairement.

Or, souvent ce chiffre était réellement insuffisant pour assurer la marche de l'opération, le versement n'étant jamais intégralement exigé. Mais qu'importait au fondateur de mauvaise foi? Ce qu'il cherchait avant tout et exclusivement, c'était le succès de sa spéculation; et comme ce succès était subordonné à la mise en mouvement de la société, la faculté de réaliser celle-ci était calculée en vue de cet intérêt, et sur les probabilités devant la faire réussir.

Une fraude plus dangereuse encore surgissait de la détermination arbitraire des conditions de la constitu-

tion définitive de la société. Si le chiffre des souscriptions indiqué n'était pas atteint par des actionnaires
sérieux, ou tardait trop à l'être au gré des fondateurs,
des signatures de complaisance, émanées le plus souvent de personnes sans solvabilité, venaient le compléter. La société émettait ses actions définitives, exigeait
le versement promis par les souscripteurs de bonne
foi, et commençait ses opérations. Celles-ci duraient
tout le temps nécessaire pour que les fondateurs, alié-
nant les actions qu'ils s'étaient réservées à divers titres,
eussent réalisé le bénéfice qu'ils s'étaient promis. La
société devenait ensuite ce qu'elle pouvait. Sa liquidation, faisant évanouir l'effet des signatures de complaisance, plaçait le public en présence d'un capital bien
inférieur à celui auquel il avait fait confiance, et laissait la perte, quelle qu'elle fût, à la charge exclusive
des actionnaires de bonne foi.

35. C'est donc avec infiniment de raison que le législateur est intervenu au début même de la société ;
qu'il en a subordonné la constitution définitive à des
conditions sur l'exécution desquelles on doit d'autant
plus se montrer sévère, qu'indépendamment des fraudes
que nous venons de signaler, elle éloigne la probabilité
d'une autre manœuvre non moins dangereuse. Bien
souvent, en effet, les gérants ne manquaient pas, dans
l'objet de faire souscrire la partie du fonds capital restant à placer, de distribuer des dividendes qu'ils préle-
vaient sur le capital, et qui n'étaient qu'une amorce
destinée à appeler la confiance en paraissant lui offrir
un bénéfice certain.

36. La nécessité de la souscription du capital entier, enlevant tout intérêt réel à cette simulation, en écarte la possibilité, et la rend inexcusable. Cette première condition est donc un gage de sincérité dans les actes qui précèdent et suivent la constitution de la société.

37. Il aurait pu se faire cependant que la souscription du capital entier ne fût elle-même due qu'à la manœuvre que nous signalions tout à l'heure ; qu'elle n'eût été obtenue qu'à l'aide de signatures de complaisance ou de nulle valeur, l'exigence du versement du quart au moins de chaque action est une garantie contre cette éventualité.

On pourrait reprocher au législateur de n'avoir pas poussé la précaution jusqu'à ses dernières limites, en n'exigeant pas le versement intégral, mais ce reproche serait injuste ; une exigence de ce genre eût été irrationnelle, dangereuse même pour la société.

Les souscriptions pour l'entier capital ne se recueillent pas en quelques jours. Plus ce capital sera considérable et plus on mettra de temps à le réaliser. La partie successivement souscrite était donc condamnée à demeurer improductive pendant des mois, pendant des années entières, et la perte, peu importante lorsqu'elle ne s'applique qu'à une fraction, pouvait le devenir lorsqu'il s'agissait de la totalité. D'ailleurs, tel court les chances d'une restitution pour un quart du capital qu'il souscrit, qui reculerait devant cette même chance s'il devait la subir pour le capital entier.

La détermination du législateur se légitime par une raison plus péremptoire encore. Il n'est pas de société qui ait immédiatement besoin de son entier capital. Celui-ci n'est calculé qu'en prévision des chanees de perte qui peuvent surgir des premières opérations, et pour faire face aux nécessités qui peuvent en naître.

Dès lors exiger un versement intégral dès l'ouverture des opérations, c'était donner à la société au delà de ce dont elle a réellement besoin, immobiliser et rendre improductive une partie du capital plus ou moins forte. Or, en commerce on meurt du trop-plein autant que du vide de la caisse, le désir d'utiliser les fonds donnant lieu à des entreprises téméraires, hasardeuses, déterminant le plus souvent la perte non-seulement de l'intérêt recherché, mais encore du capital lui-même.

On ne peut donc qu'applaudir à la limite adoptée par le législateur : le versement du quart évite le danger que nous venons d'indiquer, met la société à même de commencer ses opérations, en même temps qu'il garantit la sincérité des souscriptions. D'ailleurs, en rendant les actions nominatives et en proclamant la responsabilité des premiers souscripteurs, les articles 2 et 3 assurent la rentrée du solde, s'il y a lieu de l'exiger.

38. Le versement du quart au moins doit-il être effectué au moment de la souscription? La raison de douter se tire de ce que le gérant ne doit compte de l'exécution de la loi qu'au moment où, voulant mettre la société en mouvement, il est tenu de déclarer et de constater l'accomplissement des conditions exigées pour cette mise en mouvement. Il semble donc qu'on devrait d'autant plus admettre qu'il peut consentir à

retarder jusque-là le versement, que la société peut encore ne pas sortir à effet, et qu'il éviterait ainsi, d'une part, la perte d'intérêt résultant du versement immédiat; de l'autre, l'obligation de restituer si le projet échoue.

Nous croyons cependant qu'il est dans l'esprit de la loi d'exiger le versement au moment même de la souscription. Sa réalisation seule fixe le caractère de cette souscription, de telle sorte qu'on ne devra considérer comme sérieuses que celles qui auront été accompagnées de versements.

De plus, ce qui pourrait se réaliser dans le cas contraire, c'est que la souscription du capital pourrait être plutôt apparente que réelle. Le temps écoulé entre les premières et les dernières souscriptions peut avoir modifié la solvabilité de plusieurs signataires. L'impossibilité ou le refus de verser contraindrait donc de les remplacer, et le délai qu'entraînerait les nouvelles signatures pourrait n'avoir que le même résultat pour d'autres signataires. On s'exposerait donc à tout recommencer sans cesse, ce que l'on évite forcément par un versement immédiat, et c'est cette considération qui nous porte à croire que la loi a entendu exiger celui-ci.

39. Ce versement peut-il être fait autrement qu'en espèces? M. Paignon adopte l'affirmative. Dans la pensée de la loi, dit-il, le versement c'est la libération des actions. Or, il y a plusieurs manières de payer sa dette; on peut donner une chose quelconque en payement (art. 1238, C. N.). L'argent est sans doute l'équivalent

le plus usuel, mais il n'est pas le seul. Du numéraire, des valeurs de satisfaction, ou des titres, sont des modes de se libérer parfaitement juridiques, sauf la responsabilité du gérant[1].

Nous croyons que le législateur n'a entendu admettre que le payement en espèces. Le versement du quart au moins est destiné à faire face aux premières opérations de la société. Or ce but, parfaitement atteint par le numéraire, ne l'est pas toujours par des valeurs. Quelque bonnes qu'on les suppose, leur négociation n'en occasionnera pas moins une perte et des frais, diminuant d'autant le capital.

Puis, supposez que ces valeurs ne soient pas payées à leur échéance, elles retourneront et devront être immédiatement remboursées par la société, le plus souvent avec protêt et compte de retour. Sans doute, la société aura son recours contre son cédant ; mais celui-ci peut n'être pas en mesure ou en position de payer. Il faudra donc recourir à la justice, et, en cas d'insolvabilité réelle, ajouter aux capital et frais déjà exposés ceux de la poursuite judiciaire.

En réalité donc le versement en valeur n'est que conditionnel, et la loi ne devait pas, ne pouvait pas s'en contenter. On doit donc le repousser avec d'autant plus de raison, que son admission donnerait quelquefois naissance à un abus grave.

Il arrive maintes fois que pour se créer du crédit, un commerçant se fait signer des valeurs par des hommes

---

[1] *Commentaire de la loi du 17 juillet 1856*, p. 67.

de paille, sans aucune solvabilité réelle. Il se crée ainsi des ressources que l'échéance des valeurs fera évanouir, parce que les signataires seront introuvables ou dans l'impossibilité de payer. Ces valeurs se réduiront donc à la signature de celui qui les a données en payement, et qui peut être, à son tour, dans l'impuissance de les rembourser.

Le gérant pourrait être de bonne foi victime de cette fraude, il pourrait l'avoir organisée lui-même dans le but de faire croire à l'accomplissement de la loi, et de commencer ainsi régulièrement en apparence ses opérations sociales. Dans l'un et l'autre cas, les victimes seraient les actionnaires sérieux et le public.

Sans doute ils pourraient exercer un recours contre le gérant, mais la fortune de celui-ci peut ne pas être au niveau de sa responsabilité, et n'offrir aucune garantie réelle.

Une loi destinée à réprimer toutes les fraudes ne pouvait consacrer la possibilité de celle-là. Le versement en espèces, faisant évanouir toute crainte à cet égard, est donc entré seul dans ses prévisions.

40. De là nous concluons que le gérant qui, ayant reçu les versements en valeurs négociables, déclarerait, en conformité de l'article 1er, que le quart des actions existe dans la caisse sociale, s'écarterait de la vérité; que sa déclaration pourrait être querellée par les intéressés et repoussée par la justice, et la constitution de la société déclarée irrégulière.

La nécessité de cette déclaration devant constater que le capital entier a été souscrit, et le quart au moins des actions versé, a paru utile pour, en cas de mensonge, enlever toute excuse au gérant. On a cru qu'en le contraignant à déclarer préalablement que les conditions voulues avaient été remplies, on prévenait leur violation, qu'il devenait si facile de reconnaître et de constater.

41. L'objet même de cette déclaration en indiquait la forme; elle devait nécessairement être authentique. Dans le projet arrêté par le Conseil d'Etat, on prescrivait que la réalisation des conditions fût constatée par acte notarié.

Cette rédaction laissait de l'incertitude sur la part faite au notaire dans cette constatation. On pouvait croire qu'il devait lui-même y procéder, ce qui était lui imposer des recherches souvent difficiles dans la pratique et dont la responsabilité pouvait l'inquiéter.

Cette considération, relevée par la Commission du Corps législatif, accueillie par le Conseil d'État, a motivé la rédaction définitive du paragraphe final de l'article 1er : Le gérant, seul en possession de tous les documents, préposé à l'exécution de la loi, était seul en position de constater cette exécution. On s'est donc contenté de sa déclaration, elle doit être faite par acte notarié; mais le rôle du notaire est tout tracé, il se borne à donner acte de la déclaration qui lui est faite, sans en garantir le moins du monde la véracité. La preuve du mensonge ne saurait donc lui être opposée, ni motiver contre lui aucun recours.

La forme authentique de la déclaration a pour objet de garantir l'exécution loyale de la loi. La souscription

du capital entier, le versement du quart, étant indispensables pour la constitution de la société, doivent
nécessairement précéder et non suivre le commencement des opérations. Il ne faudrait donc pas qu'au
moment de la déclaration du gérant la souscription
totale n'eût pas été recueillie, le versement non réalisé.
Il convenait, par conséquent, de ne laisser aucun doute
sur le moment de cette déclaration.

42. Mais la forme authentique elle-même ne suffisait
pas pour établir la postériorité de certaines souscriptions. Remarquons en effet qu'il est rare que celles-ci
soient datées. Données ordinairement sur l'acte même,
elles sont censées remonter au jour de cet acte. Plus
il serait vrai qu'elles n'ont été recueillies qu'après la
déclaration, et plus on s'abstiendra de leur donner une
date qui, par le simple rapprochement avec celle de la
déclaration, découvrirait infailliblement la fraude. Tout
au moins aura-t-on soin de recourir à une antidate de
nature à empêcher cette découverte.

Il y avait là un danger certain, imminent, une menace sérieuse contre l'effet qu'on s'était promis des
prescriptions de la loi. C'est ce qui explique l'obligation
d'annexer à la déclaration la liste des souscripteurs,
l'état des versements faits par eux, l'acte de société.
Cette obligation, disait avec raison l'honorable rapporteur du Corps législatif, devient une preuve à l'appui
de la sincérité de la déclaration, et fournit un document
important en cas de poursuites des premiers souscripteurs, pour défaut de payement des actions.

Comment, en effet, admettre une liste de souscripteurs

qui n'auraient pas encore adhéré? Il faudrait pour cela une prévision trop extraordinaire, et le refus d'adhérer que feraient plus tard ceux qu'on aurait faussement indiqués comme actionnaires prouverait trop clairement la fausseté de la déclaration, pour qu'on se décide à en courir jamais les chances.

43. L'état des versements qui doit être annexé à la déclaration doit offrir en détail les sommes payées par chaque souscripteur. On ne doit pas interpréter la loi en ce sens que cet état doive être séparé de la liste des souscripteurs. Son but serait parfaitement atteint si, à la suite de chaque nom et de l'indication du nombre d'actions souscrites, on ajoutait la mention des sommes versées. C'est même là la manière d'agir la plus simple et la plus naturelle.

44. De quelque manière que soit rédigé l'état des versements, il doit offrir le détail des sommes payées par chaque souscripteur. La déclaration pure et simple du gérant que le quart du capital a été versé n'atteindrait pas le but de la loi, et imprimerait à la déclaration un caractère d'irrégularité incontestable.

Ce que veut la loi, c'est que chaque action verse au moins le quart. Elle n'admet comme sérieuses que celles pour lesquelles cette libération partielle a été effectuée.

Or, dire qu'on a reçu le quart du capital, ce n'est pas constater l'accomplissement de cette volonté. Car le versement dont le minimum est fixé peut être opéré dans de plus fortes proportions; il pourrait donc se faire que le quart du capital eût été atteint, parce que tel souscripteur aurait versé le tiers, la moitié, les trois quarts de ses actions.

Dans cette hypothèse, tels autres souscripteurs n'auraient rien payé, or, c'est ce que la loi n'a pas autorisé. C'est ce qui s'induit nécessairement de ce qu'elle exige d'abord que chaque actionnaire verse le quart au moins du montant des actions par lui souscrites, de l'obligation qu'elle fait ensuite au gérant d'annexer l'état des versements faits par less ouscripteurs.

45. L'obligation d'annexer l'acte de société est la conséquence de la faculté de le rédiger par acte sous seing privé. On peut donc en régler arbitrairement les conditions pour tout ce qui n'est pas régi par la loi nouvelle. La garantie contre les effets de cet arbitraire, contre toutes modifications inspirées par les circonstances actuelles, doit résulter du dépôt de cet acte comme annexe de la déclaration.

46. Les conditions que nous venons d'indiquer ne sont pas les seules dérogations que la loi de 1856 fait subir au droit commun en matière de constitution de la société. Leur accomplissement prépare et détermine cette constitution, mais ne donne pas encore le droit de commencer les opérations. Nous verrons sous les articles 4 et 5 les obligations auxquelles la mise en mouvement de la société est subordonnée.

47. Mais avant relevons la précaution que le désir de prévenir les scandales et la fraude a inspirée au législateur, quant à la détermination du prix des actions.

Le Code de commerce laissait cette détermination à la volonté du ou des fondateurs. Les conséquences de cette faculté n'avaient pas tardé à se faire cruellement sentir. On n'a pas craint de puiser dans toutes les bourses, d'entraîner dans le tourbillon du jeu les fortunes les plus modestes. Il existait des sociétés nombreuses, au capital de 30 ou de 40 millions, dont les actions avaient été créées au taux de 15, de 10, de 5 francs, et même de 1 franc [1].

« Réduites à de si misérables proportions, les actions, disait l'exposé des motifs, sont destinées à ceux qui, par leur condition sociale, sont le moins capables d'apprécier les chances auxquelles ils s'exposaient. Évidemment, elles sont faites pour s'introduire dans les plus petites bourses, celles précisément pour lesquelles les pertes sont les plus cruelles ; elles sont préparées pour s'emparer des modestes économies qui, au lieu de se hasarder dans les périls de la spéculation, doivent aller s'accumuler dans les caisses d'épargne. C'est surtout pour la protection de ces intérêts que la loi doit se montrer vigilante et sérieuse. »

48. Le seul moyen efficace pour assurer cette protection était de déterminer un *minimum* au-dessous duquel le taux des actions ne pût jamais descendre, et de calculer ce *minimum* sur l'importance du capital social. Le gouvernement proposait donc de fixer le taux des actions à 100 francs lorsque le capital n'excéderait pas 200,000 francs ; à 500 francs lorsqu'il serait supérieur.

Une pareille limite était en quelque sorte la sup-

[1] **Rapport de M. Langlois.**

pression de l'action de 100 francs. Qu'est-ce, en effet, qu'un capital de 200,000 francs ? nos faiseurs ne se mettent pas en mouvement pour si peu, il leur faut des millions, et c'est aussi par millions qu'ils procèdent ordinairement, témoin celui qui en demandait cinquante pour marier l'Afrique avec l'Amérique. On proposa donc d'élever à un chiffre supérieur le capital comportant l'action de 100 francs.

Cette proposition fut repoussée et devait l'être. L'obstacle que la difficulté de placer des actions de 500 francs peut offrir au succès de certaines spéculations, loin d'être un malheur, n'était que trop désirable : on sanctionna donc la proposition du gouvernement.

49. On a voulu à tort voir dans cette disposition la prohibition du fractionnement des actions. Notre article disposant expressément pour les coupons d'actions reconnaît et consacre par cela même le fractionnement. Le seul qu'il interdise est celui qui aurait pour effet d'éluder la proportion qu'il exige. Ainsi l'action de 100 francs, lorsque le capital n'excède pas 200,000, ne pourra être fractionnée; mais elle pourrait l'être si son taux était de 2 ou 300 francs ; celle de 500 serait dans le même cas. Si sa valeur était portée à 1,000 ou 2,000 francs, on pourra la diviser. Pourvu que la fraction ne soit jamais inférieure soit à 100 soit à 500 francs, le fractionnement est licite et par conséqnent autorisé.

50. A cette première et si utile modification le législateur en a introduit deux autres non moins impor-

tantes. La première a pour objet de rendre les actions nominatives jusqu'à leur entière libération.

L'action au porteur, autorisée dès l'origine de la société, suscitait de graves embarras et rendait au moins fort difficile la réalisation du capital social.

A cet inconvénient elle ajoutait celui de se prêter merveilleusement à l'agiotage. Telle personne, observait l'honorable rapporteur du Corps législatif, qui ne voudrait pas mettre son nom sur un papier décrié par l'opinion, voit ses scrupules s'évanouir quand son nom doit rester ignoré. Parmi tous les souscripteurs qui s'agitent à l'annonce d'une entreprise nouvelle, combien n'y en a-t-il pas qui n'entrent dans la société que pour en sortir le plus tôt possible ! qui courent après des bénéfices sans risque ! qui attendent tout de la prime des actions et rien de la société ! C'est l'émission des titres qui est devenue le commerce lui-même.

L'action rendue nominative, si elle n'est pas destinée à éteindre cette fièvre, doit au moins l'atténuer. On comprend que celui qui par la négociation des actions se mettait à couvert de toutes recherches, et ne pouvait jamais être obligé de recourir contre son cessionnaire, se montrât fort peu jaloux de la position et de la solvabilité de celui-ci ; il traitait donc sans hésitation avec le premier venu en position de lui payer actuellement la prime attachée aux titres cédés.

Le caractère nominatif de l'action, la responsabilité du premier souscripteur, qui en était la conséquence, inspireront une grande circonspection dans la transmission. Exposé à un recours de la part de la société, le cédant voudra se ménager le moyen de rendre efficace celui qu'il aura lui-même à exercer contre son cessionnaire; celui-ci ayant le même intérêt prendra la même précaution : chacun ne consentira à traiter qu'avec une personne solvable. L'exigence de la loi écarte donc de la négociation des actions cette foule de gens qui, n'ayant pas le premier sou du capital dont ils se chargeaient, couraient la chance d'un bénéfice, sans s'exposer à une perte que leur insolvabilité rendait sans effets possibles pour eux.

51. L'action nominative ne peut être transmise que par un endossement régulier, à l'instar de toutes les autres valeurs commerciales. L'effet de cet endossement est le même que celui de l'endossement d'une lettre de change, d'un billet à ordre, c'est-à-dire que le cédant reste garant envers la société dont il a été débiteur et à l'égard de son cessionnaire.

Sans doute l'endossement de l'action peut être consenti et accepté à forfait et sans garantie, mais l'effet de cette clause se restreindrait entre le cédant et le cessionnaire. Le premier ne pourrait l'opposer à la société poursuivant contre lui le payement de l'action.

Comment lui permettrait-on de le faire, alors que l'article 3 interdit à la société elle-même la faculté de décharger le signataire de la souscription de la responsabilité que sa qualité lui impose. Cette responsabilité est acquise nonobstant toute convention contraire. La loi considère donc cette convention comme illicite, non obligatoire; à plus forte raison en serait-il ainsi de celle intervenue entre le cédant et le cessionnaire, en dehors et sans le concours de la société. Mais nulle pour celle-ci, cette convention n'en lierait pas moins le cessionnaire, elle lui enlèverait tout recours contre son cédant.

52. La responsabilité du souscripteur était la conséquence forcée du caractère nominatif de l'action et du mode de négociation qu'il entraîne. Aussi n'est-ce que pour exclure toute possibilité de douter qu'elle a été consacrée expressément par l'article 3.

On a reproché à cette responsabilité d'être un obstacle sérieux à la circulation des actions. C'est là précisément ce que la Commission a entendu, répondait le rapporteur du Corps législatif. La trop grande facilité qu'on trouve à négocier les actions est la cause de l'agiotage auquel elles donnent lieu. La restriction imposée par le projet de loi sera une gêne, sans doute, mais cette gêne écartera les joueurs, les agioteurs ; elle appellera les actionnaires sérieux.

« D'ailleurs, ajoutait M. Vuillefroy, commissaire du gouvernement, cette responsabilité n'est que la conséquence rationnelle de la qualité des souscripteurs. L'associé commanditaire est tenu jusqu'à concurrence de sa mise; on rentre donc dans le droit commun en prescrivant les moyens d'assurer l'exécution de cette obligation. »

53. Le but que se proposait cette première modification en commandait une seconde ; comme l'action au porteur, l'action nominative est essentiellement négociable. La seule distinction entre elles consiste dans le mode de transfert. Or, puisqu'on voulait remédier à

l'agiotage, il convenait d'en restreindre l'élément le plus énergique, c'est-à-dire la négociation elle-même.

Les lois des 15 juillet 1845 et 10 juin 1855, relatives aux actions des chemins de fer, avaient, dans ce but, tracé un précédent dont la valeur était attestée par la pratique. On ne devait pas hésiter à rendre commune à toutes les actions la règle spécialement édictée pour celles des chemins de fer.

54. On ne peut donc désormais, dans toute société en commandite, négocier les actions qu'après le versement des deux cinquièmes. Cette prohibition est loin de signifier que leur détenteur ne pourra jamais s'en défaire avant. Leur aliénation peut même être forcée, dans certains cas, quoique cette condition n'ait pas été remplie, celui de succession ou de faillite, par exemple. D'ailleurs, l'état des affaires du souscripteur pouvait exiger qu'il rentrât dans les fonds qu'il a versés en acceptant les actions, et il ne pouvait pas être dans l'esprit ni dans la volonté du législateur de lui interdire une ressource pouvant prévenir une ruine.

Aussi l'exposé des motifs et le rapport s'en expliquent-ils expressément. Ce que la loi entend subordonner au versement des deux cinquièmes, c'est uniquement la négociation commerciale, c'est-à-dire celle qui, au moyen d'un simple endossement, transfère la propriété de la valeur cédée non-seulement entre les parties, mais encore à l'endroit des tiers.

Le porteur reste donc libre de disposer de ses actions en tout état des choses; mais par la forme ordinaire seulement, s'il n'a pas encore versé les deux cinquièmes, les effets de la cession sont, dans ce cas, réglés par le droit commun.

La négociation commerciale faite au mépris de la loi ne serait pas nulle ; elle vaudrait, au contraire, du cédant ou cessionnaire; mais elle n'aurait aucun effet contre les créanciers du premier, ou tous autres tiers intéressés. Pour les uns et les autres le cessionnaire ne serait définitivement investi que du jour de la notification au débiteur cédé, c'est-à-dire à la société.

55. Tel est l'ensemble des précautions que le maintien de la division en actions du capital de la commandite a suggéré au législateur au début de la société. Dans l'ordre d'idées qu'il s'était tracé, on ne peut qu'applaudir aux prescriptions qui ne sont, en définitive, que l'application à cette société des règles que le gouvernement a depuis longtemps adoptées en matière des sociétés anonymes.

Ainsi, pour que la commandite par actions puisse se constituer et agir, il faut : que le capital entier ait été souscrit ; que le quart au moins de chaque action ait été versé en espèces ; aucune action ou coupon ne peut être inférieur à 100 ou à 500 fr., suivant que le capital n'excède pas ou excède 200,000 fr. ; l'une et l'autre sont nominatifs jusqu'à entière libération, et ne peuvent être commercialement négociés qu'après le versement des deux cinquièmes ; enfin, les souscripteurs demeurent responsables du payement intégral, en tout état de cause et malgré toute stipulation contraire. Reconnaissons que ces dispositions constituent un incontestable progrès relativement à ce qui était pratiqué jusqu'à ce jour.

56. Les conditions prescrites par la loi nouvelle sont-elles obligatoires pour les sociétés anonymes : M. Paignon se prononce pour l'affirmative. Ces conditions, dit-il, étant établies dans un but de moralité publique, on doit considérer comme vrai pour les sociétés anonymes ce qui est tel pour la commandite. En conséquence ce qui est réprouvé dans celle-ci doit l'être également dans l'autre [1].

Nous ne nous étayerons pas, pour combattre cette opinion, sur la spécialité de la loi de 1856 et sur la règle : *qui dicit de uno de altero negat*. Nous dirons seulement que l'assimilation qui fait la base du raisonnement que nous repoussons est inadmissible.

L'intervention forcée du gouvernement dans la société anonyme est aussi rassurante pour la morale publique que pour tous les autres intérêts. L'autorisation indispensable ne sera que la conséquence de la certitude que l'une comme les autres ne courent d'autre danger que celui que peut offrir l'opération elle-même.

Dans la société en commandite, tout est laissé à l'initiative exclusive de l'intérêt personnel, et c'est de cette initiative qu'on a tant abusé. On a donc pu se précautionner contre cet abus, sans que le législateur ait pu vouloir enchaîner sa propre initiative, et s'interdire la faculté d'autoriser ce qui, dans une cir-

---

[1] *Commentaire de la loi*, p. 66.

constance donnée, lui paraîtrait avantageux et utile.

Nous croyons donc que son intervention ne saurait être soumise à la loi de 1856 ; et de même qu'il pourrait mettre à son autorisation des conditions plus sévères encore que celle de la loi de 1856, de même il peut autoriser les dérogations qu'il lui paraîtrait nécessaire de faire subir à celles-ci.

57. Enfin, les prescriptions nouvelles sur ce qui concerne les actions ne règlent que les actions de capital ; celles dites de jouissance, ne donnant jamais droit qu'à une part dans les bénéfices, ne concourront jamais à tromper le public sur la consistance des ressources sociales.

Leur création peut offrir un grave inconvénient pour les associés, en disposant à leur détriment de la portion la plus considérable des bénéfices. Mais à ce point de vue la loi a pourvu au péril. Cette création constituerait un avantage particulier en faveur du bénéficiaire, et se trouverait, par conséquent, soumise aux prescriptions de l'article 4.

58. Une question beaucoup plus délicate et qui peut soulever quelques difficultés est celle de savoir si la loi de 1856 régit les sociétés civiles qui emprunteraient la forme de la commandite. On sait, en effet, que plusieurs sociétés de cette nature ont non-seulement recouru à cette forme, mais encore divisé leur capital en actions, soit purement négociables, soit au porteur.

Celles qui, dans l'avenir, seraient tentées de les imiter devront-elles, sous les peines édictées, remplir les formalités et s'assujetir aux conditions requises?

La pénalité, qui indique le grave intérêt de la question, en dicte en quelque sorte la solution. On ne pourrait admettre l'affirmative que si la société civile se trouve dans la catégorie de celles que la loi nouvelle a entendu régir. Lorsqu'il s'agit, en effet, d'une peine quelconque, on ne saurait sortir de la spécialité qui lui est affectée, ni l'étendre à une hypothèse autre que celle à laquelle elle est subordonnée, quelque exacte, quelque complète que soit l'analogie.

Or, la loi de 1856 ne s'est occupée que des sociétés commerciales. Ce point ne saurait être méconnu ni contesté; il résulte de la qualification de sociétés en commandite par actions qui n'a jamais désigné qu'une société commerciale, la société civile excluant l'idée de cette forme et ne subissant aucun de ses effets; il faudrait donc, pour qu'on la soumît aux prescriptions de la loi actuelle, qu'il fût vrai que l'emprunt de la forme modifiât son caractère et la rendît commerciale.

Nous avons déjà établi le contraire. La jurisprudence et la doctrine, nous l'avons dit, se sont arrêtées à cette règle : que ce qui détermine le caractère d'une société, c'est non la qualification qui lui a été donnée, ni la forme qu'elle a reçue, ni les statuts qu'elle s'est imposés, mais l'objet qu'elle se propose. Si celui-ci est purement civil, vainement la société se sera-t-elle produite comme une commandite, vainement aura-t-elle divisé son capital en actions, même au porteur, elle n'en demeurera pas moins exclusivement civile, et ne produira jamais que les effets admis par le droit commun, soit en faveur, soit contre les associés [1].

Il est à regretter que le législateur, qui était averti de l'emprunt que la société civile fait à la commandite, ne se soit pas expliqué sur sa légalité, et comblé, en en réglant les effets, cette lacune, que depuis longtemps M. Émile Vincent avait signalée dans la législation. Ce qui est certain, c'est que son silence nous laisse sous l'empire de la règle que nous venons de rappeler.

Dira-t-on que l'esprit du législateur a été d'atteindre toutes les commandites par actions, les civiles comme les commerciales? Voudrait-on induire cet esprit de ce que l'exposé des motifs et le rapport ont, dans divers exemples qu'ils invoquaient, fait entrer notamment les sociétés pour l'exploitation d'une mine, et par conséquent les sociétés civiles?

Un pareil argument ne saurait légitimer l'application d'une loi dont la violation est punie d'une peine corporelle. Cette application ne serait possible que si la loi l'avait expressément commandé.

D'ailleurs l'argument manquerait de fondement réel. La société pour l'exploitation d'une mine est, il est vrai, civile, mais à condition qu'elle n'existera qu'entre les concessionnaires. Ici encore nous avons établi que ce caractère n'était qu'un privilége personnel, qu'on était libre d'en répudier le bénéfice; que cette répudiation

---

[1] Voir notre *Commentaire de l'art.* 19 *C. de comm.*, nᵒˢ 92 et suiv., 123 et suiv.

résultait de plein droit de l'appel fait à des commanditaires [1].

L'exemple cité, supposant cet appel réalisé, a donc
pour objet une société commerciale; il ne saurait autoriser le raisonnement et les conséquences qu'on
voudrait en induire.

Concluons que la loi de 1856 ne régissant que la société commerciale laisse la société civile en dehors de
ses dispositions. Que la qualification de commandite,
que la création d'actions soit ordinaires, soit au porteur,
ne sont que des abus qui, ne pouvant modifier le caractère de la société, ne sauraient la soumettre à la législation exceptionnelle; qu'elle n'en reste pas moins exclusivement régie par les articles 1862, 1863 et 1864 du
Code Napoléon, ce qui atténue singulièrement les dangers que la commandite commerciale par actions fait
courir aux tiers. Ne serait-ce pas cette dernière considération qui aurait déterminé le silence gardé par le
législateur [2]?

ARTICLE 4.

*Lorsqu'un associé fait dans une société en comman-
dite par actions un apport qui ne consiste pas en numéraire, ou stipule à son profit des avantages particuliers, l'assemblée générale en fait vérifier et apprécier
la valeur.*

---

[1] Voir notre *Commentaire de l'art.* 19 *C. de comm.*

[2] C'est avec bonheur que, dans la *Gazette des Tribunaux* du 21 novembre
1856, nous avons vu M. Horson examiner cette question et lui donner la
même solution.

La société n'est définitivement constituée qu'après approbation dans une réunion ultérieure de l'assemblée générale.

Les délibérations sont prises par la majorité des actionnaires présents. Cette majorité doit comprendre le quart des actionnaires et représenter le quart du capital social en numéraire.

Les associés qui ont fait l'apport ou stipulé les avantages soumis à l'appréciation de l'assemblée n'ont pas voix délibérative.

SOMMAIRE.

59. Motifs et but de l'art.
60. Projet présenté par le Conseil d'Etat.
61. Inconvénients de fait signalé par la commission du Corps législatif.
62. Inconvénients de droits.
63. Projets qu'elle proposa, et qui fut adopté par le Conseil d'Etat.
64. L'apport qui ne consiste pas en numéraire doit être vérifié et estimé ; comment?
65. La constitution définitive de la société est subordonnée à l'approbation de l'apport. Forme de l'approbation.
66. Majorité qu'elle doit réunir.
67. Les auteurs de l'apport n'ont pas voix délibérative.
68. Assimilation des avantages particuliers à l'apport en nature. Conséquences.
69. Caractère de l'art. 4. Argument qu'il fournit à l'appui de la proposition de soumettre la commandite par actions à l'autorisation du gouvernement.
70. Effets de l'approbation donnée à l'apport.

59. La fraude la plus usuelle dans les sociétés en commandite par actions, celle dont les conséquences étaient les plus compromettantes pour les actionnaires a toujours été sans contredit l'exagération de la valeur de l'apport, ou l'énormité des avantages que le fonda-

teur stipulait en sa faveur. La première, en effet, avilissait les actions avant même leur création, en les rendant sans proportion réelle avec le capital qu'elles étaient censées représenter. La seconde absorbait, au moins en très-grande partie, le bénéfice social, et comme, à défaut de celui-ci, le fondateur ne manquait pas de prélever ses avantages sur le capital lui-même, par exemple, le traitement annuel qu'il s'était alloué, cette seconde cause, comme la première, se résolvait en une perte assurée et certaine pour les actionnaires sérieux.

On ne doit donc pas être surpris qu'un pareil état de choses ait vivement sollicité l'attention du législateur; il appelait inévitablement un contrôle de nature à dissiper le péril qu'il créait, et c'est ce contrôle que l'article 4 organise.

60. Ce n'est qu'après hésitation que cet article a été consacré. Le Conseil d'Etat, reculant devant la nécessité d'une appréciation par le gouvernement, avait cru par cela même qu'on ne pouvait prévenir la fraude qu'en la réprimant, si elle avait osé se produire. La perte de temps qu'on avait voulu éviter devait en effet résulter de tout autre mode arrivant à une vérification et à une approbation préalables.

Il avait en conséquence proposé de déclarer que lorsque, dans une société en commandite par actions, un associé aurait fait un apport dont la valeur réelle serait inférieure de plus de moitié à celle pour laquelle il a été mis dans la société, tout intéressé pourrait demander contre l'auteur de l'apport la réparation du dommage à lui causé par l'exagération de cet apport, sans préjudice de toute autre action pour fait de dol.

Le Conseil d'Etat ajoutait : Le gérant qui a accepté l'apport peut être déclaré solidairement responsable des condamnations prononcées.

La demande n'est plus recevable après l'expiration de deux années, à compter de la publication de la société.

61. C'était, on le voit, l'action en restitution pour cause de lésion. La crainte d'une restitution pouvait rendre l'auteur plus circonspect dans ses prétentions. Cependant, la marge était encore assez large. La faculté de faire impunément payer à la société un million pour une chose qui ne valait en réalité que 600,000 fr., promettait un bénéfice assez considérable pour qu'on fût tenté de se l'approprier. On risquait donc d'encourager la fraude, tout en la forçant de se restreindre dans de certaines limites.

A ce premier inconvénient s'en joignait un second. La valeur à considérer dans l'apport était celle du jour où il avait été réalisé. Cette valeur, facile à déterminer, même après un délai de deux ans, lorsqu'il s'agissait d'un immeuble, comment l'établir pour l'apport, consistant dans un brevet, dans une découverte, dans une idée nouvelle. Aurait-on pu remonter à la date de l'apport, en faisant abstraction de la pratique, et lui rendre cette valeur d'opinion que l'expérience a peut-être réduite à zéro. On risquait donc, au mépris de *l'alea* de l'exploitation d'une nouvelle invention, qui doit également peser sur tous ceux qui s'y associent, de faire peser sur le gérant seul, ou sur l'auteur, les mécomptes de cette exploitation.

62. A ces objections de fait, la Commission du Corps législatif en ajoutait d'autres puisées dans les principes généraux du droit : « La règle, disait son honorable rapporteur, c'est que les conventions font la loi des parties. La loi y a dérogé pour les mineurs, jamais pour les majeurs, si ce n'est en cas de partage ou de vente, mais seulement au profit du vendeur. La raison de la loi pour les mineurs s'explique d'elle-même ; pour le vendeur, on a considéré qu'il peut s'être trouvé dans une nécessité puissante, qui a enlevé à son consentement tout caractère de liberté. Quant au partage, on n'est restituable pour fait de lésion que parce que celle-ci est envisagée comme une erreur de compte. »

Convenait-il d'assimiler l'actionnaire au mineur, au copartageant, au vendeur ? Non, ajoutait le rapport. La légèreté de ceux qui souscrivent des actions est quelquefois bien grande, mais il est pourtant impossible que la loi les considère comme des mineurs ; que le contrat de société soit l'équivalent d'un acte de partage ; et que cet actionnaire qui apporte son argent dans une société èt vient adhérer librement à ses statuts soit traité comme le vendeur d'une propriété qui, hésitant entre la ruine et la honte, finit par opter pour la ruine. Le consentement est ou n'est pas. S'il n'y a pas de liberté, c'est le contrat qui doit être anéanti. L'actionnaire n'a pas droit seulement à une réparation, il a droit à la rescision du contrat, et il faut lui rendre son argent.

63. Dominée par ces considérations, reconnaissant d'autre part que le droit tel qu'il existait devait être modifié, la Commission du Corps législatif crut qu'il suffisait de faire un devoir des précautions que la prudence conseille de prendre avant de contracter un engagement quelconque. Ainsi mis en demeure de s'assurer de la nature de l'apport et de sa valeur réelle, les actionnaires qui ont négligé ou omis de le faire n'ont plus même l'excuse d'avoir cédé à un entraînement irréfléchi contre lequel la loi les protégeait. Toute plainte devait donc leur être interdite.

Le Conseil d'Etat, qui avait d'abord résisté, se rangea plus tard à cette opinion, qui a été définitivement consacrée par l'article 4.

64. L'apport, toutes les fois qu'il n'est pas en numéraire, doit être vérifié et apprécié. C'est à l'assemblée générale des actionnaires que le soin de prendre toutes les mesures nécessaires à cet effet est conféré.

Ces mesures ne consisteront guère que dans une visite, une expertise ou la délégation d'hommes de l'art, pour donner leur avis sur le mérite et les chances probables de l'invention que la société a pour but d'exploiter. Ces mesures ordonnées dans une première réunion, les actionnaires sont de nouveau convoqués en assemblée générale pour se prononcer sur les résultats des mesures préparatoirement exécutées.

65. La société n'est définitivement constituée que par l'approbation donnée à l'apport. Il ne pouvait en être autrement, puisque cet apport constituait tout ou partie du capital social; les opérations étaient naturellement impossibles avant son acceptation par les intéressés.

La loi exige donc deux réunions consécutives. Mais cette exigence suppose que la première se sera bornée à ordonner la vérification et l'appréciation de l'apport. Or, cette double mesure, quels que soient les termes de notre article, n'est que facultative. Si les actionnaires, suffisamment édifiés, la croient inutile, ils peuvent se prononcer, approuver l'apport ou le rejeter dès la première réunion. Leur délibération ne pourrait être querellée ni constituer une irrégularité de nature à exercer la moindre influence sur la validité de la société.

66. Ordinairement, les statuts sociaux règlent les conditions des assemblées générales, déterminent quel doit être le nombre des votants, et la quantité d'actions qu'on doit posséder pour en faire partie ; la loi nouvelle n'innove en rien à cet égard et laisse les choses pour l'avenir dans le même état que pour le passé.

Mais les statuts sociaux ne deviennent obligatoires qu'à partir de la constitution définitive de la société qu'ils doivent régir. Ils ne pouvaient donc s'appliquer aux mesures qui, ayant pour objet de déterminer cette constitution définitive, décideront de l'existence même de ces statuts.

D'ailleurs, et pour prévenir toute difficulté, la loi y a pourvu, en arrêtant elle-même le caractère et la forme de ces réunions préparatoires. Elles doivent se composer de tous les actionnaires, c'est-à-dire que la convocation doit être générale, nominale ; s'adresser au porteur d'une action, et même d'un coupon d'action comme au porteur de vingt, de cent actions ; quelque minime qu'il soit, l'intérêt existe pour l'un comme pour l'autre, et il était rationnel de les appeler tous à statuer sur une mesure dont les conséquences peuvent entraîner la perte totale ou partielle de l'intérêt qu'ils ont pris dans la société.

Comme dans toute assemblée délibérante, la majorité doit lier la minorité ; mais plus l'objet de la délibération était important, et plus il convenait de veiller à ce qu'une fraction minime ne dictât la loi que la négligence, si usuelle en cette matière, aurait remis à sa discrétion.

Il fallait de plus empêcher que le nombre triomphât de l'intérêt, ou l'intérêt du nombre. La protection de la loi est due au souscripteur d'une action comme à celui qui en a pris cent ; car la perte n'en sera pas moins onéreuse pour l'un que pour l'autre. Souvent même elle le sera plus encore pour le premier que pour le second.

Notre article exige donc que l'approbation soit donnée par la majorité des actionnaires présents ; mais il ne considère cette majorité comme efficace que si elle réunit le quart en nombre de tous les souscripteurs, et le quart en sommes du capital entier. A défaut d'une de ces conditions, il n'y a pas de majorité, l'apport se trouve par cela même rejeté, le projet de société résolu, et chaque actionnaire a le droit de poursuivre la restitution du versement par lui opéré.

67. Le principe que tout actionnaire devait avoir voix délibérative dans ces réunions préalables était susceptible d'une exception. On ne pouvait reconnaître

ce droit à l'auteur de l'apport qu'il s'agit d'approuver ou de rejeter. On pouvait, sans témérité, prévoir la nature du vote qu'il exprimerait. Il était donc naturellement impossible de permettre que ce vote pût influer sur la délibération.

Le dernier paragraphe de l'art. 4 consacre cette exception ; mais ce qu'il refuse à l'auteur de l'apport, c'est uniquement la voix délibérative. Il pourra donc assister à la réunion, y prendre la parole, fournir tous renseignements, toutes explications qu'il croira utiles ou qui lui seront demandées ; seulement il devra s'abstenir de voter après la clôture de la discussion. La violation de cette prohibition serait de nature à faire infirmer la délibération, si l'une des majorités exigées n'avait été obtenue que par son concours.

68. Dans le projet soumis au Corps législatif, le Conseil d'État ne prévoyait que l'apport, et la commission chargée d'examiner ce projet fit remarquer que les inconvénients qu'on voulait prévenir dans ce cas étaient de nature à se produire non moins énergiquement dans la stipulation d'avantages particuliers, qu'il était donc rationnel de prendre contre celle-ci des précautions dictées contre celui-là.

La Conseil d'État reconnut cette nécessité, et la loi a placé sur la même ligne les avantages particuliers et l'apport d'une chose quelconque.

Donc et alors même que celui qui a stipulé en sa faveur des avantages particuliers aurait fait un apport en numéraire, les formalités prescrites par l'art. 4 n'en seront pas moins obligatoires. On devra vérifier le caractère de ces avantages, et la société ne sera constituée que par l'approbation que leur donnerait l'assemblée générale des actionnaires. Ces vérification et approbation soumises aux formes de l'art. 4 devraient réunir les conditions que nous venons de rappeler.

69. L'art. 4, en proclamant la nécessité de se précautionner contre une fraude que le Conseil d'Etat déclarait la plus dangereuse de toutes, justifie en principe la demande de faire intervenir le gouvernement. La substitution du contrôle des actionnaires à celui qui résultait de cette intervention est-elle heureuse? Qu'on nous permette d'en douter. Au dire même de l'honorable rapporteur, l'exécution de l'art. 4 offrira ses inconvénients. A nos yeux, ces inconvénients ont une proportion bien plus large que celle qui pouvait résulter de l'appel à l'autorisation du gouvernement, sans offrir aucun de ses avantages.

Sous le rapport de la certitude de l'expertise, peut-on mettre en balance les moyens dont les actionnaires pourront disposer et ceux dont le gouvernement était pourvu? Celui-ci n'avait-il pas à consulter les sommités dans les arts et les sciences, tandis que les experts ne pourront être choisis que dans un cercle assez étroit.

En supposant même chez ces derniers toute la capacité désirable, auront-ils par devers eux tous les éléments indispensables à l'exact accomplissement de leur mission? La valeur d'une découverte en commerce s'apprécie surtout par les chances favorables qu'elle offre ; l'appréciation de celles-ci exige, non la

connaissance des besoins d'une localité, quelque étendue qu'elle soit, mais celle de l'état général de l'industrie
qu'il s'agit d'exploiter sur des bases nouvelles ou plus
étendues, sur les besoins, non-seulement du pays entier, mais encore des contrées plus ou moins éloignées.
Or, cette connaissance, le gouvernement l'a ou peut
l'avoir facilement. Comment les experts privés se la
procureront-ils ?

Autre inconvénient plus majeur encore. L'auteur
du projet, qui a stipulé des avantages en échange de
son idée, devra, pour les faire approuver, soumettre
aux actionnaires son plan, en expliquer la nature et
les moyens d'exécution. Cette confidence, sans danger
lorsqu'elle est faite au gouvernement, n'est-elle pas
essentiellement périlleuse lorsqu'elle s'adresse à des
industriels plus ou moins nombreux, appartenant à
des nationalités différentes. Il sera loisible aux actionnaires, après la divulgation de l'idée, de rendre la
société impossible en diminuant ou refusant les avantages demandés, et de profiter de cette divulgation ;
c'est-à-dire que l'auteur sera dépouillé de sa propriété
la plus intime et la plus sacrée. Schœffer, que l'illustre
Guttemberg s'était associé après avoir découvert l'im-
primerie, ne rompit-il pas avec lui sous différents prétextes, n'alla-t-il pas exercer ailleurs cette idée simple
et sublime, dans le but de s'en approprier le profit et
l'honneur [1] ?

La perte de temps qui devait résulter d'un appel au

---

[1] Paignon, *Loco citato*, p. 71 et suiv.

gouvernement, était-elle de nature à le faire repousser? Nous pourrions répondre, avec l'honorable rapporteur, que le danger, à l'origine d'une société, loin d'être dans la lenteur, est dans la précipitation. Est-ce que d'ailleurs l'art. 4 fait disparaître cet inconvénient? ne l'aggrave-t-il pas, au contraire ?

Il faut une réunion générale d'abord, une expertise ensuite, puis la discussion de l'opinion des experts. On ne saurait contester aux actionnaires le droit d'ordonner une nouvelle épreuve, si la première leur paraît insuffisante. Nouvelle et considérable perte de temps.

Parlerons-nous de la difficulté de réunir des actionnaires fort éloignés du siége social, de celle d'obtenir la double majorité requise? Ces difficultés sont sérieuses, l'expérience le prouve chaque jour. L'impossibilité de vaincre la négligence des uns, la mauvaise volonté des autres, pourrait donc amener la ruine de la société, par l'impuissance de remplir les formalités ordonnées en vue de la constitution.

Tant mieux, s'écrie M. Romiguières, si l'assemblée ne peut se constituer, car il en ressortirait la preuve ou que les actionnaires sont en grande partie des prête-noms de ceux qui ont fait l'apport, ou bien que ces actionnaires, s'ils sont sérieux, se repentent, et que, mieux éclairés, ils veulent protester par leur absence contre des souscriptions arrachées à leur faiblesse [1].

La première de ces hypothèses n'est pas supposable. Non pas que nous admettions que le versement du

---

[1] *Commentaire de la loi de 1856,* art. 4.

quart ait fait cesser absolument l'abus des souscriptions de complaisance, mais parce que, en supposant celle-ci, les actionnaires, loin de s'abstenir de la réunion, s'empresseront d'y accourir et d'accepter comme actuellement démontrée la valeur que celui envers qui ils se sont déloyalement engagés aurait donnée à son apport. Comprendrait-on des complaisants qui reculeraient devant la conséquence en quelque sorte forcée de leur conduite?

Reste la seconde hypothèse, et nous avouons qu'elle n'aurait rien de regrettable s'il s'agissait d'une société comme nous en avons vu beaucoup trop. Mais si cette société est sérieuse, si son objet est réellement utile, n'est-il pas déplorable que ses développements soient invinciblement arrêtés par une inertie irrationnelle, par une répulsion sans motif et sans cause? On n'a pas voulu donner aux actionnaires l'action en rescision, et cette rescision, ils l'obtiendront par une abstention combinée, et parce que, persuadés d'avance de voir rejeter par la majorité une opposition qu'ils seraient peut-être fort embarrassés de justifier, ils n'ont pas osé tenter l'épreuve d'une délibération.

Nous avons donc raison de le dire, l'art. 4 ne remédie à aucun des inconvénients qui ont fait repousser l'appel au gouvernement; il les aggrave, au contraire. La nécessité de le consacrer cependant était donc l'argument le plus décisif en faveur de la proposition tendant à rendre cet appel obligatoire.

Ce qui est fort à redouter, c'est que l'article 4 ne reçoive aucune exécution. Les actionnaires voudront surtout éviter la perte de temps à laquelle ces formalités donneraient lieu, et, soit par entraînement, soit par suite de la confiance qui les a déterminés à prendre cette qualité, ils accepteront comme juste la valeur donnée à l'apport. Ainsi l'article par lequel on a voulu les protéger se tournera contre eux. A toutes leurs réclamations ultérieures, quelque fondées qu'elles fussent, l'auteur de l'apport ne manquera pas de leur opposer l'inexécution de cette prescription. Pourquoi n'avez-vous pas fait vérifier et estimer lorsque la loi vous imposait le devoir de le faire? Que répondre à cette fin de non-recevoir.

Le devoir du législateur de protéger les actionnaires contre leur propre imprudence reconnu et admis, le principe devait être poussé jusqu'à ses dernières limites. La protection devait être imposée. S'en remettre à la volonté des actionnaires, c'était s'exposer, à un autre point de vue, au danger qu'on voulait prévenir. L'entraînement auquel est due la souscription ne dominera-t-il pas également dans l'exécution des précautions? Où sera dès lors l'efficacité de celles-ci?

L'avenir résoudra ce problème, que nous devions signaler.

70. En l'état, l'approbation donnée à l'apport, de quelque manière qu'elle se soit produite, rend cet apport définitif. Il ne pourrait être ultérieurement querellé d'insuffisance, et la nullité de la société sur ce prétexte ne serait possible que s'il était justifié que cette approbation n'a été déterminée que par des manœuvres dolosives ou frauduleuses.

ARTICLE 5.

Un conseil de surveillance composé de cinq action-
naires au moins est établi dans chaque société en com-
mandite par actions.

Ce conseil est nommé par l'assemblée générale des
actionnaires immédiatement après la constitution de la
société, et avant toute opération sociale.

Il est soumis à la réélection tous les cinq ans au
moins; toutefois, le premier conseil n'est nommé que
pour une année.

SOMMAIRE.

71. Motifs qui avaient donné naissance aux Conseils de surveillance dans
les commandites par actions.
72. Ce qu'étaient les Conseils avant la loi nouvelle.
73. Part que la législation avait dans leur inefficacité.
74. Remèdes divers proposés. Décision adoptée.
75. Composition du Conseil de surveillance. Conséquence de la restriction
du choix entre les actionnaires.
76. Par qui il doit être nommé. Avantages de l'élection par les actionnaires eux-mêmes.
77. Composition de l'assemblée chargée de procéder à l'élection. Conditions de celle-ci.
78. Tous les actionnaires sont éligibles. Rejet de la proposition de fixer
un nombre d'actions nécessaire pour pouvoir être élu.
79. Le Conseil doit être composé de cinq membres au moins. Conséquences.
80. Le gérant n'est pas tenu d'arrêter les opérations dans aucun cas.
81. Motifs de la nécessité d'être réélu après cinq ans. Caractère de cette
disposition.
82. N'est pas un obstacle au remplacement jugé nécessaire avant les cinq
ans.
83. La réélection du premier Conseil doit avoir lieu après un an. Pourquoi ?
84. Résumé.

71. La responsabilité indéfinie, que sa qualité im-

pose au gérant, avait pour conséquence nécessaire de le rendre arbitre souverain et absolu du mode d'administration de la société. C'est sous son nom que se font les opérations, lui seul est dans le cas de subir les effets d'une déclaration de faillite; seul enfin, il est tenu des engagements sociaux sur tous ses biens. Il y va donc pour lui de sa fortune, de son honneur, de sa liberté. On ne pouvait donc le soumettre à suivre d'autres inspirations que les siennes. Aussi voyons-nous la loi ne pas se borner à consacrer cette règle. Elle a de plus prohibé aux commanditaires tout acte d'immixtion dans l'administration, sous peine de devenir solidairement et indéfiniment obligés.

L'étendue du pouvoir du gérant, l'abstention et l'éloignement forcés des commanditaires, offraient un danger imminent pour la société. L'incapacité du gérant était dans le cas de la ruiner, avant que ces derniers eussent connu le danger et pu le conjurer. Ce qui pouvait en résulter, c'était un obstacle à la formation de la société, la nécessité de livrer l'argent sans possibilité de contrôle devant paraître exorbitante à tout citoyen prudent et avisé.

72. Cette éventualité avait frappé la spéculation elle-même et l'avait déterminée à l'écarter. Aussi, et quelle que fût la nature de la société, les prospectus ne manquaient pas de faire sonner bien haut les noms honorables sous le patronage desquels on plaçait ses opérations futures, et qui, constituant un conseil de surveillance, semblaient avoir reçu la mission de contrôler les actes du gérant, d'éclairer la gestion, de la

maintenir dans les voies qu'elle devait suivre et de rassurer, par cela même, les intérêts auxquels on faisait appel.

Ce qui donne la mesure de la subtile habileté de la fraude, c'est que cette institution, réellement utile, et qui semblait devoir conjurer le danger, était venue précisément ajouter à sa gravité. Livré au choix exclusif du fondateur, le conseil de surveillance n'était qu'un piége, une amorce auxquels on se laissait prendre. On présentait des noms recommandables, qui paraissaient ainsi être intéressés dans l'opération, quoique souvent on procédât à l'insu des porteurs et sans même les avoir consultés. Et c'est ainsi que, soit par complaisance, soit par ignorance, soit par faiblesse, ces conseils de surveillance ne surveillaient rien, et n'existaient réellement que sur les statuts sociaux.

73. Que pouvaient faire d'ailleurs ces conseils? Le plus souvent leurs membres n'étaient pas même actionnaires, et l'absence de tout intérêt dans l'opération n'était pas de nature à recommander une bien vive sollicitude.

Quant à ceux qui avaient réellement la qualité d'actionnaires, leur position était bien plus délicate encore. En l'absence de loi définissant et déterminant leur mission, leur intervention pouvait être soutenue et déclarée constituer l'immixtion prohibée aux commanditaires, et leur imposer la responsabilité solidaire et indéfinie attachée à cette immixtion.

Cette éventualité, qui pouvait atteindre les non actionnaires eux-mêmes, commandait aux conseils de sur-

veillance la plus extrême circonspection. Malheureusement cette circonspection était allée jusqu'à l'abstention
la plus complète. Heureux encore lorsque l'absence de
toute responsabilité pour les actes de déloyauté qu'ils auraient laissé commettre ne les déterminait pas à s'as-
socier complaisamment à toutes les volontés du gérant.

Cet état de choses accusait un vice dans les personnes, mais signalait énergiquement une lacune importante de la législation. Il fallait conserver l'institution
dont l'utilité ne pouvait être méconnue ; mais pour lui
assurer toute son efficacité, il convenait, d'une part,
de rassurer contre les conséquences d'une immixtion ;
de l'autre, d'attacher une peine à la violation des devoirs
constituant la mission des conseils de surveillance.

74. Le législateur de 1856 a parfaitement apprécié
la position des choses et sagement réglé celle des personnes. En déterminant nettement les prérogatives des
conseils de surveillance, il a rendu impossible toute
querelle d'immixtion, tant que ces conseils n'auront
pas excédé les actes qui leur sont attribués. La peine
édictée contre la négligence ou l'oubli du devoir, contre la complaisance coupable, permet d'espérer, dans
l'avenir, la cessation des abus déplorables qu'on ne
pouvait trop regretter.

Le rapport de l'honorable M. Langlais rend compte
des diverses propositions que la détermination, la composition et le choix du conseil de surveillance firent
surgir; ces propositions furent successivement repous-
sées. On consacra uniquement celle du gouvernement,
devenue l'art. 5, que nous examinons.

75. Désormais, dans toute société en commandite par actions, un conseil d'administration est obligatoire. La société ne peut commencer ses opérations qu'après son institution.

Ce conseil doit être exclusivement composé d'actionnaires. L'intérêt personnel que ceux-ci ont au succès de l'opération est une garantie de la fidèle exécution de la mission de contrôle que reçoit le conseil. En agissant pour tous, les membres du conseil agiront pour eux-mêmes. Ce point de vue était trop avantageux pour qu'on pût le négliger.

Ainsi, d'ailleurs, disparaît tout emploi de ces noms retentissants, dont la personnalité s'effaçait au jour du désastre, et auquel on n'avait recours que pour inspirer une fausse croyance, que pour entraîner et déterminer la confiance.

Contre cet abus, la loi a pris encore une autre précaution. La meilleure manière de le déraciner était de rendre irréalisables les effets qu'on s'en était promis. C'est ce qui résulte désormais de l'époque à laquelle est fixée l'élection. Elle ne peut avoir lieu, aux termes de notre article, qu'après la constitution définitive de la société. Celle-ci ne pouvant se réaliser qu'après la souscription du capital entier notamment, on n'a plus aucun intérêt à recourir à un moyen destiné à encourager cette souscription. Le voulût-on d'ailleurs, que l'exigence de la qualité d'actionnaire pour les membres du conseil rendrait impossible tout appel à un nom dont le propriétaire ne ferait pas partie de la société.

76. La nomination du conseil, abandonnée à l'auteur du projet de société, offrait un danger qu'il était prudent de conjurer. L'intérêt du fondateur est de rencontrer dans le conseil de surveillance, bien moins un contrôle actif qu'une bienveillance à toute épreuve. Or le choix, même restreint aux actionnaires, n'aurait pas manqué de se ressentir de cet intérêt : les parents, les amis les plus intimes du gérant seraient devenus l'objet de ce choix.

Déférer ce choix aux actionnaires eux-mêmes, comme le fait la loi nouvelle, offrait donc l'avantage d'empêcher tout abus de ce genre. C'était là, d'ailleurs, ce que conseillaient la raison et la logique. Puisque la surveillance devait s'exercer sur les actes du gérant, en faveur des actionnaires, il était naturel qu'on laissât à ces derniers le soin de choisir ceux à qui ils croyaient convenable de confier cette mission.

77. L'assemblée générale chargée d'élire le conseil de surveillance n'obéit, dans sa constitution, qu'aux règles tracées par les statuts eux-mêmes. Elle n'est composée que des actionnaires ayant droit de voter d'après le nombre des actions dont ils sont porteurs et aux termes de ces statuts.

Sans doute, l'assemblée réunie pour statuer sur l'apport peut, après l'avoir admis, choisir de suite les membres du conseil de surveillance; mais, dans tous les cas, l'élection a lieu à la majorité des membres présents, quel que soit leur nombre, pourvu que celui exigé par les statuts soit atteint, et sans qu'il soit nécessaire que cette majorité réunisse le quart des actionnaires et celui du capital. Les exigences de la loi à cet égard sont exclusivement spéciales aux assemblées appelées à délibérer sur la valeur de l'apport ou sur l'appréciation des avantages particuliers.

78. L'éligibilité des actionnaires n'est soumise à aucune condition. Le porteur d'une seule action peut être élu comme celui qui en a souscrit cent, alors même que les statuts n'accorderaient voix délibérative qu'au porteur d'un nombre d'actions déterminé.

Plusieurs membres du Corps législatif, dans la vue de rendre le contrôle plus actif, parce que l'intérêt serait plus considérable, proposaient qu'on ne pût faire partie du conseil que si on avait souscrit un certain nombre d'actions. Cette proposition ne fut pas accueillie par la commission. Fixer la part des membres du conseil à un chiffre trop faible, observait-on, c'est s'exposer à rendre la précaution illusoire; l'élever trop haut, c'est se priver peut-être d'un concours utile : on se contenta donc de la simple qualité d'actionnaire, et on ne voulut en rien gêner la libre indépendance des intéressés dans le choix qu'on leur déférait.

79. En fixant à cinq au moins le nombre des membres du conseil de surveillance, le législateur a indiqué que la régularité de son institution tient à ce nombre, au-dessous duquel il ne saurait jamais descendre. Cette volonté et ses conséquences deviennent des motifs graves pour que l'assemblée élise un plus grand nombre, pour ne pas trop multiplier les occasions de recourir à l'assemblée générale.

Il est évident, en effet, que si le conseil ne compte

que cinq membres, il sera en quelque sorte désorga-
nisé et positivement empêché d'agir par l'empêche-
ment ou l'absence d'un seul ; qu'en cas de démission
ou de décès, il devra être immédiatement procédé à
une nomination nouvelle, et l'on sait que les réunions
générales ne sont pas sans difficultés.

La prudence conseille donc de porter ce nombre à un
chiffre tel, que dans tous les cas le conseil puisse se
réunir au nombre de cinq ; qu'on puisse sans inconvénients renvoyer les nominations rendues nécessaires
à l'assemblée annuelle que la loi va bientôt prescrire.

80. Dans tous les cas où par une circonstance quelconque le conseil est réduit à moins de cinq membres,
ce conseil n'a plus d'existence régulière, d'où la nécessité de le compléter immédiatement. Mais on comprend qu'un certain délai sera nécessaire, soit pour
réunir les actionnaires, soit pour atteindre le nombre
de délibérants prescrit par les statuts. Il sera donc
vrai que pendant ce délai le contrôle régulier exigé par
la loi ne pourra être légalement exercé. Faut-il que
le gérant arrête les opérations sociales pour ne les reprendre qu'après la nomination ?

Evidemment non, car le remède serait pire que le
mal et produirait des effets funestes pour la société. Le
danger de suspendre les opérations en cours d'exécution, l'impossibilité de le faire bien souvent n'ont pas
besoin d'être démontrés. Il n'est pas possible que le législateur ait voulu méconnaître celle-ci, et imposer à
la société les conséquences de celui-là. A quoi bon

d'ailleurs? Le conseil, rendu à son existence légale, portera son attention sur les actes accomplis dans l'interrègne, et ne laissera pas impunies les irrégularités ou les fraudes que le gérant se serait permises.

Celui-ci doit donc continuer les opérations sociales, tout en faisant ses diligences pour la reconstitution du conseil. Autre chose est de commencer les opérations, autre chose de les suivre lorsqu'elles sont régulièrement mises en cours d'exécution. La prohibition que la loi fait de mettre la société en mouvement, tant que le conseil de surveillance n'est pas institué, ne saurait s'étendre à l'hypothèse que nous supposons; ce qui est facile et avantageux dans le premier cas serait souvent impossible et presque toujours funeste dans le second.

81. Le législateur qui venait soustraire les actionnaires aux effets des pouvoirs conférés naturellement au gérant ne pouvait reconnaître au conseil de surveillance l'omnipotence qu'il refusait à ce gérant, ni lui permettre de se perpétuer dans l'exercice de sa mission, alors même qu'il n'aurait pas déployé dans son accomplissement cette activité et ce zèle qui en constituent l'essence. Le seul moyen d'assurer le contraire était de rendre les pouvoirs du conseil essentiellement temporaires.

Voilà pourquoi on a prescrit la réélection du conseil tous les cinq ans. La loi parle de réélection et non de remplacement; cela prouve qu'elle a entendu que ce conseil pût être confirmé et maintenu, et elle a eu raison de l'admettre ainsi, les connaissances acquises dans l'exécution du mandat qui vient d'expirer rendant la tâche plus facile, et inutiles les études auxquelles devraient se livrer des membres nouveaux.

82. Résulte-t-il de là qu'aucun remplacement ne peut être opéré avant l'expiration des cinq ans? que les actionnaires seront forcés de subir pendant cette période de temps entière le conseil qui aurait négligé de remplir ses devoirs ou qui les aurait violés? Résoudre affirmativement cette question, ce serait méconnaître la lettre et l'esprit de la loi.

La lettre; car le terme de cinq ans n'est stipulé que comme un délai *maximum* à l'expiration duquel l'assemblée devra être forcément consultée sur le maintien ou le remplacement du conseil. Mais de ce que la question ne *doit* être posée qu'après cette expiration, il ne s'ensuit nullement qu'elle ne pourra pas être soulevée avant dans une de ces assemblées annuelles où le conseil est précisément appelé à faire son rapport. La certitude qu'il n'a pas fidèlement rempli sa mission pendant le cours de cette année laisserait aux actionnaires l'initiative pour proposer et effectuer son remplacement total ou partiel.

L'esprit; car ce qui a exclusivement dominé le législateur, c'est l'intérêt des sociétaires. C'est pour obéir à cette pensée qu'il a exigé une manifestation formelle de leur intention chaque cinq ans. Comment donc concevoir qu'il ait voulu exclure la mesure que les exigences de ces intérêts rendraient urgente à toute autre époque?

83. La preuve de cette intention du législateur nous est fournie par l'ensemble de la loi, et spécialement

par la disposition finale de l'art. 5. Lors de la première réunion, les actionnaires encore étrangers les uns aux autres, obligés de choisir parmi des inconnus, pouvaient, dans leur choix, ou trop obéir aux suggestions du gérant lui-même, ou être dupes d'une fausse opinion. Il pouvait donc se faire que l'expérience d'une épreuve qui a duré un an vînt démontrer l'erreur et inspirer le regret.

Cette éventualité a suffi pour soumettre, en quelque sorte, à une confirmation l'élection faite dans ces circonstances. Au bout de l'année, les actionnaires, nonseulement pourront, mais encore devront s'expliquer. La loi exige d'eux la réélection du conseil.

84. En résumé donc le conseil de surveillance est dans tous les temps à la libre disposition de la majorité ; il n'est institué que dans l'intérêt des actionnaires, cet intérêt doit être son mobile unique. En conséquence, à quelque époque qu'il méconnaisse ce devoir, il suffit que les sociétaires aient déclaré l'existence de la violation, soit volontaire, soit par négligence, pour qu'ils aient le droit de retirer le mandat qu'ils avaient donné et de le confier à des mains plus dignes.

L'absence de tout reproche de ce genre prouve que le conseil remplit convenablement sa mission. Cependant après chaque cinq ans, la loi exige que cette présomption devienne une certitude en appelant les actionnaires à confirmer le conseil et en manifestant ainsi hautement leur approbation.

Enfin, par les motifs que nous avons indiqués, le conseil élu avant la mise en mouvement de la société doit être réélu après un an d'exercice seulement.

On n'accusera certes pas la loi d'avoir manqué de prévoyance ou de prudence. On ne pouvait, à l'endroit des conseils de surveillance, faire mieux ni plus dans l'intérêt des actionnaires. A eux donc à féconder les germes de protection que le législateur a semés, en donnant à leur conduite le même caractère de prudence et de prévoyance; à eux à s'abstenir surtout de cette négligence funeste qui les tient éloignés de toute réunion et qui, laissant le sort de la société entre les mains d'une minorité avide ou intéressée, est souvent la principale cause de la ruine qu'ils déplorent.

ARTICLE 6.

Est nulle et de nul effet à l'égard des intéressés, toute société en commandite par actions constituée contrairement à l'une des prescriptions énoncées dans les articles précédents.

Cette nullité ne peut être opposée aux tiers par les associés.

ARTICLE 7.

Lorsque la société est annulée aux termes de l'article précédent, les membres du conseil de surveillance peuvent être déclarés responsables solidairement et par corps avec les gérants de toutes les opérations faites postérieurement après leur nomination.

La même responsabilité solidaire peut être prononcée contre les fondateurs de la société qui ont fait un ap-

port en nature, ou au profit desquels ont été stipulés des avantages particuliers.

SOMMAIRE.

85. Utilité d'une sanction pénale à l'exécution des articles précédents. Caractère qu'elle devait offrir.
86. La société organisée contrairement aux articles 1, 2, 3, 4 et 5, est nulle entre les intéressés. Effets de cette nullité. Droit des associés.
87. Motifs de la différence entre elle et celle de l'art. 42 C. de comm., relativement au passé.
88. Conséquence du caractère de la nullité, quant au droit de la provoquer.
89. Autre conséquence quant à la durée de ce droit. Dans quel délai il se prescrit.
90. Le droit d'opposer la prescription par exception est imprescriptible. Son étendue dans le cas où elle serait proposée après trente ans.
91. Point de départ de la prescription.
92. Personnes comprises dans le mot intéressés employé par l'article 6.
93. La nullité de l'article 6 ne peut être opposée aux tiers par les intéressés. Motifs qui ont porté le législateur à l'exprimer. Leur rationalité.
94. Conséquences quant à l'action directe des tiers. Quand pourra-t-elle être exercée.
95. Cette nullité pourra-t-elle être opposée par les tiers aux intéressés ? Oui, si le tiers est un créancier de l'un d'eux.
96. Non, s'il est débiteur de la société prétendue.
97. Devoir que l'article 7 impose au conseil de surveillance dès sa nomination. Nature de la peine encourue par l'omission ou la négligence.
98. Est-ce la poursuite seulement, est-ce également la condamnation qui est déclarée facultative.
99. Caractère de la mission confiée aux tribunaux. Sévérité qu'ils doivent déployer.
100. Objections que souleva la disposition de l'article 7.
101. Motifs qui les firent repousser.
102. A quelles opérations s'applique la responsabilité du conseil.
103. *Quid*, de celles traitées avant la nomination. Le conseil peut-il en répondre s'il ne les a pas fait connaître aux actionnaires ?
104. Ceux-ci peuvent-ils prendre ces opérations pour le compte de la société ?

85. Nous abordons la série des dispositions pénales sous la sanction desquelles le législateur a placé les exigences qu'il impose. Omettre cette sanction, c'était, non imposer une obligation, mais donner des conseils. Que seraient-ils devenus pour la fraude, qui s'étudie à agir contre toutes les prohibitions légales? les aurait-elle respectés et suivis? Or, comme c'était précisément contre la fraude qu'on venait de prendre des précautions, fallait-il bien la contraindre à les subir, à peine de se voir arracher le bénéfice qu'elle avait cherché à réaliser déloyalement. De là, la disposition de l'art. 6.

La répression de la fraude dans la matière n'est pas seulement d'intérêt privé. Le trouble que ses manœuvres peuvent apporter au crédit public la rend fort désirable au point de vue de l'intérêt général. La peine, en cas de violation de la loi protectrice, devait dès lors satisfaire également cet intérêt général. Nous verrons sous l'art. 11 que cette considération n'est pas restée stérile.

86. Entre associés et sous le rapport de l'intérêt privé, la société organisée contrairement aux conditions prescrites par les art. 1, 2, 3, 4 et 5, est nulle et de nul effet. Cette nullité, puisée dans la violation d'une loi impérative, est absolue. Elle rétroagit

au moment du contrat, il n'y a jamais eu de société.

De là cette conséquence que chaque actionnaire est, non-seulement libéré de tous ses engagements pour l'avenir, mais encore fondé à exiger le remboursement de tout ce qu'il a payé jusqu'au jour de l'annulation. La prétention du gérant de retenir une part quelconque de la perte éprouvée ne saurait être accueillie. Chargé plus spécialement de l'exécution de la loi, on devait le punir de préférence de son inexécution. Comment d'ailleurs lui reconnaître le droit d'exciper d'une perte sociale, lorsque de lui aux souscripteurs la société n'était que conditionnelle, que son existence était exclusivement subordonnée à l'exécution complète des prescriptions de la loi? Ce défaut d'exécution ayant empêché la société de se former, toutes les opérations que le gérant n'a pas craint d'accomplir lui deviennent personnelles, et par conséquent la perte qu'elles ont donnée est à sa charge propre et exclusive. Il ne serait ni recevable ni fondé à en grever dans une proportion quelconque ses prétendus associés.

87. Il se réalise donc dans l'hypothèse de l'art. 6 le contraire de ce que nous avons enseigné en commentant l'art. 42 du Code de commerce. Nous avons vu en effet que la nullité encourue pour violation de ses prescriptions n'agissait que pour l'avenir et ne pouvait effacer la société de fait qui avait existé jusqu'au jour du jugement d'annulation; qu'en conséquence, il était de doctrine et de jurisprudence que, même pour les associés entre eux, il y eût lieu à une liquidation des opérations antérieures, et que tous de-

vaient contribuer, proportionnellement à leur intérêt, à la perte éprouvée.

La raison de cette différence se trouve dans le caractère de la nullité. Celle qui résulte de la violation de l'art. 42 est tout extrinsèque, de pure forme et n'a jamais pu dès lors influer sur la constitution de la société. Elle peut bien devenir un obstacle à sa continuation, mais elle ne saurait faire que jusque-là la société n'eût pas réuni toutes les conditions essentielles à son existence, ni annuler l'effet du consentement librement, volontairement et légalement donné par tous les associés.

« Attendu, disait notamment la Cour de Paris dans un arrêt du 26 janvier 1855, que pour l'application de la maxime *quod nullum est, nullum producit effectum*, il faut distinguer les nullités substantielles de l'acte de société, qui rompent tout lien de droit entre les co-associés, des nullités extrinsèques, qui ne rompent le lien social qu'à partir de la nullité prononcée pour l'avenir, le surplus des conventions, et pour le passé, liant entre elles les parties contractantes.

« Considérant, dit-elle dans un second arrêt du 12 mai suivant, qu'il est de principe que les nullités prononcées pour vice de forme ne s'appliquent qu'à l'avenir ; que la convention subsiste pour les faits accomplis et doit recevoir son exécution ; qu'il serait contraire au droit, à la raison, à l'équité que l'irrégularité de l'acte suffît pour libérer le coassocié d'un consentement librement et volontairement donné. »

Or, la nullité édictée par notre article 6 est, non-seulement d'ordre public, mais encore essentiellement substantielle. Elle atteint la convention dans son essence, puisque, en effet, le législateur ne reconnaît la société que si les actions sont de 100 ou de 500 fr., selon que le capital est inférieur ou supérieur à 200,000 fr. ; que si chaque actionnaire a versé le quart au moins des actions par lui souscrites ; que si cette double circonstance a été constatée par une déclaration notariée ; que si l'apport en nature ou les avantages particuliers ont été sanctionnés par la majorité en somme et en nombre ; enfin que si le conseil de surveillance a été régulièrement nommé. Il est évident que le défaut de ces conditions, ou l'omission d'une ou de plusieurs, n'a pas permis à la société de se constituer ; il n'y a donc jamais eu d'être moral capable de contracter et par conséquent d'engager d'une façon quelconque les diverses personnalités qui projetaient de le réaliser.

On comprend dès lors la différence que nous signalons. Dans le cas de l'art. 42, la société a notablement existé et a pu, dès lors, légalement fonctionner tant que sa nullité n'a été ni réclamée ni prononcée. Donc, ce qu'elle a fait jusque-là est obligatoire pour tous ses membres. En réalité, l'action est plutôt en rescision qu'en nullité.

Dans l'hypothèse de l'art. 6, la société n'a jamais été constituée ; elle n'a donc jamais pu agir légalement et obliger un autre que celui qui a personnellement contracté. *Quod nullum est, nullum producit effectum.* C'est le cas d'appliquer cette règle, et l'on sait que dans cette application il n'y a pas à distinguer entre le passé et l'avenir.

La différence dans les effets est d'ailleurs indiquée par celle des textes. L'art. 42 se borne à édicter la nullité. L'art. 6 déclare la société nulle et de nul effet. Ce serait donc méconnaître sa disposition que d'admettre qu'elle ait pu en produire aucun à une époque quelconque.

88. Une autre conséquence du caractère radical et absolu de la nullité est la prohibition de toute ratification. Le droit de la provoquer appartient à chaque souscripteur en particulier. L'exercice de ce droit ne pourrait être contesté sous prétexte de l'adhésion que tous les actionnaires donneraient au gérant. Cette adhésion aurait pour résultat d'autoriser et de consacrer une violation de la loi, aujourd'hui considérée et punie comme un délit. Or, cette faculté n'a jamais été donnée à personne.

Il y a plus, la nullité de la société ayant empêché tout lien quelconque, il n'y a, en réalité, point d'associés. Le souscripteur poursuivant n'a donc ni à demander la dissolution de la société, ni à tenir en cause les autres souscripteurs. Son seul adversaire est le gérant, qu'il veut, peut et doit contraindre à lui restituer les sommes par lui versées dans la société projetée.

Vainement le gérant opposerait-il l'assentiment des autres actionnaires, vainement exciperait-il de l'approbation formelle ou de l'exécution que le demandeur lui-même aurait donnée à la société, la nullité, d'ordre public, ne peut être couverte ni expressément, ni tacitement. Un délit ne peut être effacé ni surtout devenir un fait licite par l'approbation que lui aurait donnée celui-là même qui devait en être victime.

89. Une autre conséquence du caractère de la nullité est de soustraire l'action à la règle tracée par l'article 1304 du Code Napoléon. Le droit de l'intenter et de la poursuivre dure trente ans, et n'est régi que par l'art. 2262 même Code.

Peu importerait même que, dans cet intervalle, la société fût arrivée à son terme, ou, par toute autre circonstance, eût été dissoute et liquidée. La liquidation ne fait disparaître l'intérêt des actionnaires que si elle a produit un bénéfice, ou si, en l'absence de tout bénéfice, elle a fait rentrer chaque souscripteur dans l'intégralité des sommes par lui versées.

Si elle solde par une perte quelconque, l'intérêt attaché à la demande en nullité est incontestable. Son succès aura en effet pour résultat le remboursement intégral des actions, et par conséquent le droit de repousser toute proportionnalité dans la perte. L'évidence de cet intérêt justifie à son tour la recevabilité de l'action destinée à en acquérir le profit.

90. La durée de la prescription de l'action en nullité, par voie principale, est donc de trente ans. Elle ne connaît aucune limite dans le cas où la nullité n'est proposée que par voie d'exception. A quelque époque que le gérant poursuive le payement du solde des actions, la nullité formant l'obstacle le plus invincible au succès de la demande sera utilement proposée, et pourra

l'être en vertu de la règle, *quæ temporalia sunt ad agendum, sunt perpetua ad excipiendum.*

Mais si, au moment de l'exception, le délai de trente ans laissé à l'action était expiré, l'effet de la première se réduirait à repousser l'obligation de compléter le versement. La faculté de proposer l'exception se réduit à faire consacrer le rejet de la demande, mais ne saurait permettre l'accueil d'une action reconventionnelle. Or, tel serait évidemment le caractère de celle qui tendrait à la restitution des sommes déjà payées. En conséquence, si au moment où elle est formulée elle était prescrite par l'expiration du délai de trente ans, elle devrait être repoussée.

Donc, dans l'hypothèse que nous supposons, l'effet de la nullité se réduirait à faire consacrer ce qui constitue l'exception, c'est-à-dire la défense à l'action. Le souscripteur obtiendrait d'être affranchi du payement qui lui serait demandé, mais on devrait lui refuser la restitution de ce qu'il aurait payé.

91. Dans tous les cas, le délai de la prescription commence à courir du jour où l'accomplissement de toutes les conditions prescrites l'ayant constituée définitivement, la société a été publiée conformément aux prescriptions du Code de commerce.

92. Le mot *intéressés* a, dans l'art. 6, la même signification que dans l'art. 42 C. de comm. Il désigne exclusivement les associés eux-mêmes, leurs héritiers ou ayants cause.

Au nombre de ces derniers figurent incontestablement les créanciers personnels des associés. Ils pour-

raient donc, en leur qualité, poursuivre la nullité édictée par l'art. 6.

L'intérêt qu'ils ont à la faire prononcer ne saurait
être méconnu. Ils obtiendraient par ce moyen la rentrée, dans l'avoir personnel de leur débiteur, de tout ce
qui en avait été distrait pour former le capital social,
et l'affranchiraient ainsi du privilége que le maintien
de la société concéderait aux créanciers sociaux sur
tout ce qui compose ce capital. L'évidence de cet intérêt justifierait l'action, si d'ailleurs l'art. 1166 C.
Nap. pouvait laisser le moindre doute.

93. La nullité édictée par l'article n'existe qu'entre
les intéressés, elle ne peut être opposée aux tiers. Cette
solution s'induisait du principe général en matière de
société. Le législateur de 1856 a cru devoir la consacrer expressément.

La précaution n'était pas inutile, d'abord par le caractère de la nullité elle-même. On pouvait soutenir
que la règle du Code de commerce, ne s'appliquant
qu'à des nullités extrinsèques et de forme, ne pouvait
s'étendre à des nullités radicales, absolues, pouvant,
en thèse ordinaire, être invoquée par tous et contre
tous.

Ensuite parce que, dans les conditions exigées, il
en est quelques-unes qui pouvaient créer un doute plus
ou moins sérieux. Leur violation pouvant être ou étant
connue des tiers, on aurait soutenu que ceux qui, malgré cette connaissance, ou sans se mettre en mesure de
l'obtenir, avaient traité avec le gérant, s'en étaient
rendus en quelque sorte complices ; qu'on devait donc

les déclarer sans action contre les intéressés victimes d'une fraude à la consommation de laquelle ils s'étaient prêtés.

En fait et en droit, ce système pouvait invoquer des raisons au moins plausibles. D'abord il est certain que celui qui s'associe à une fraude ne saurait acquérir aucun droit contre ceux auxquels cette fraude doit nuire; et en cette matière, la simple connaissance équivaut à la complicité, si on a osé passer outre.

Cette connaissance est présumée lorsque la moindre recherche devait la procurer. Celui qui omet cette recherche manque à tous ses devoirs, surtout lorsqu'il s'agit de la personnalité de celui qui lui propose de traiter. *Nemo debet ignorare conditionem ejus, cum quo contrahit.*

On aurait donc dit au tiers : Vous deviez vous assurer, avant de traiter avec le gérant d'une société, de l'existence légale et régulière de celle-ci; exiger, tout au moins par la représentation de la déclaration notariée, la preuve de la constatation de la souscription entière du capital et le versement du quart. Vous ne deviez accepter des actions de moins de 100 ou de 500 francs sans vous être enquis d'abord du chiffre du capital, ensuite si elles étaient ou non négociables. Vous deviez surtout repousser celles au porteur, si on ne vous produisait la preuve de leur entière libération. Enfin vous deviez demander la justification de l'institution régulière d'un conseil de surveillance.

Fondées ou non, ces prétentions devenaient la matière de nombreuses et graves difficultés. On ne peut donc qu'applaudir à la consécration formelle d'un principe tendant à les prévenir; ce principe d'ailleurs se justifie parfaitement au point de vue juridique. Sans doute chacun doit s'assurer de la condition de celui avec qui il traite; mais ne pas restreindre cette règle dans de certaines limites, ce serait vouloir la pousser jusqu'à l'absurde.

L'existence d'une société se manifeste suffisamment au public par la publicité légale qu'elle reçoit et qui devient pour elle un véritable acte de naissance. Pourquoi les tiers suspecteraient-ils sa régularité si, dûment mis en demeure par cette publicité elle-même, les intéressés n'élèvent aucune plainte, aucune réclamation ?

Le silence est ici d'autant plus significatif que, depuis la loi nouvelle, cette publicité ne peut être valablement donnée qu'après l'accomplissement des formalités. Celle que la société aurait reçue avant ne serait pas un obstacle à la nullité édictée par l'article 42 du Code de commerce. Jusque-là, en effet, la société n'est que conditionnelle, et nous avons vu la Cour de cassation proclamer énergiquement l'inefficacité de la publicité réalisée avant l'accomplissement de la condition [1].

La publication que le gérant ferait de la société ferait donc présumer que toutes les prescriptions de la loi ont été satisfaites; elle mettrait dès lors les intéressés à même et par conséquent en demeure de s'en assu-

---

[1] Notre *Commentaire de l'art.* 42, n. 359.

rer. Si, manquant à ce devoir, ils ne font entendre ni plainte ni réclamation, ils laissent s'accréditer une fausse opinion et contribuent avec le gérant et autant que lui à tromper le public.

Il n'y avait donc pas à hésiter entre les tiers, auxquels on ne peut reprocher qu'une confiance que les exigences du commerce expliquent, et les coassociés coupables d'un acte pouvant cacher une odieuse spéculation. Si on les avait affranchis de l'action, ils seraient restés dans l'inaction tant qu'ils auraient pu espérer une issue avantageuse; puis le désastre arrivant, ils n'auraient pas manqué de faire prononcer une nullité devant leur rendre toute perte étrangère.

94. Le principe consacré par la loi est donc rationnel, équitable et juste. Dans aucun cas les intéressés ne pourront se prévaloir contre les tiers de la nullité de la société. Ces derniers peuvent donc leur demander directement ce qui leur est dû, sans qu'on puisse leur opposer cette exception.

A cet égard pourtant il y a une distinction à faire. Nous avons déjà dit que tant que la société est *in bonis*, les créanciers sociaux n'ont que l'action oblique; qu'ils ne pourraient agir contre les commanditaires que comme ayants cause et exerçant les droits du gérant. On pourrait donc invoquer contre eux toutes les exceptions qui repousseraient ce gérant lui-même, notamment la nullité de la société par application de l'article 6.

La faillite, constatant l'état de perte, ouvre aux créanciers l'exercice de l'action directe. Ceux donc d'entre eux qui voudraient y recourir doivent, puisqu'à leur endroit la société existe légalement, la faire déclarer en état de faillite; ce préalable rempli, l'action pour contraindre les commanditaires, chacun jusqu'à concurrence de ses actions, ne subirait aucun obstacle au point de vue de cet article 6.

95. Les tiers auxquels la nullité de la société ne peut être opposée pourront-ils eux-mêmes s'en prévaloir contre les intéressés?

Les tiers qui pourront émettre cette prétention seront ou des créanciers personnels des intéressés ou des débiteurs de la société prétendue. Pour les premiers, l'affirmative ne pourrait rencontrer ni dénégation ni doute. Nous venons de voir l'intérêt qu'ils ont à l'annulation dans la poursuite de laquelle ils agiraient comme les ayants cause de l'associé, c'est-à-dire comme en exerçant les droits; on ne pourrait donc pas plus leur contester le droit de se prévaloir de la nullité, de l'opposer aux intéressés, qu'on ne le pourrait pour l'associé lui-même.

Les créanciers personnels seraient même recevables à opposer la nullité, alors même que leur débiteur ne pourrait le faire; comme s'ils soutenaient que cette société a été consentie et concertée uniquement en fraude de leurs droits.

96. Si le tiers excipant de la nullité de l'article 6 était un débiteur de la société, nous lui refuserions le droit de le faire. Pourrait-il en effet contester au gérant la faculté de le contraindre à remplir ses engagements? Non, évidemment, puisqu'il n'a traité qu'avec

lui. Que peut-il d'ailleurs raisonnablement exiger? de se libérer valablement; or, ce résultat lui serait assuré sous un double rapport. La qualité du gérant, tant que la société n'est pas annulée, ne saurait être contestée; la quittance par lui consentie produirait incontestablement tous ses effets. Ensuite en admettant la nullité, les associés n'ont jamais eu cette qualité et demeurent étrangers à tout ce qui a été fait. Les créances restent donc personnelles au gérant. Le débiteur ne pourrait être recherché par les premiers que s'il avait payé au mépris d'une saisie-arrêt pratiquée en ses mains. Or, si cette saisie existe, le refus de payement est légitime et n'a nul besoin de s'étayer de la nullité de la société.

On ne saurait donc reconnaître au débiteur le droit d'en exciper, parce qu'elle lui est absolument étrangère, et qu'il ne saurait dans aucun cas en éprouver aucun dommage, aucun préjudice.

Conférer ce droit, ce serait d'ailleurs forcer les intéressés à agir, car la question ainsi soulevée par le débiteur devrait être tranchée. Or, quelque absolue, quelque radicale que soit la nullité, elle n'en est pas moins dans sa poursuite facultative pour ceux qui sont appelés à en profiter ; rien ne les contraint à la faire prononcer malgré eux, contre leur intérêt. C'est pourtant ce qui pourrait résulter de l'initiative qu'on laisserait aux débiteurs.

97. L'article 7, en rendant les membres du conseil sujets à la responsabilité dans le cas de nullité prévu par l'article 4 pour toutes les opérations postérieures à leur nomination, indique la première obligation nais-

sant pour eux de leur institution. Avant d'être appelés à remplir la mission que va leur déférer l'article 8, ils doivent s'assurer si la société existe régulièrement, et dès lors si les prescriptions de la loi ont été exécutées.

Ajouter une foi aveugle aux assurances du gérant à cet égard, ce serait assez mal débuter dans la mission de surveillance qu'on a acceptée, tromper la confiance des actionnaires et les exposer à un préjudice notable. Ce n'est pas tout, en effet, de pouvoir rentrer dans ses fonds au moyen de la nullité, il faut encore que le remboursement en soit réellement effectué, ce que l'insolvabilité du gérant peut rendre impossible.

Ce cas se réalisant, le préjudice aurait sa cause principale dans la légèreté, dans la négligence des membres du conseil. On pouvait donc, sans injustice, permettre de les rendre passibles des conséquences de l'une ou de l'autre.

Le conseil de surveillance doit donc, avant tout, exiger du gérant la justification qu'il s'est exactement conformé à la loi. Si cette justification n'est pas fournie, si elle est incomplète, si une seule formalité a été omise, il doit s'opposer au commencement des opérations, donner à son opposition toute la publicité que son efficacité peut rendre nécessaire, user enfin de la faculté que lui confère l'article 9, convoquer l'assemblée générale et la faire délibérer sur les mesures à prendre. A ces conditions, mais à ces conditions seulement, les membres du conseil seront absolument à l'abri de toute recherche de la part des actionnaires. A défaut, ils pourront non-seulement être poursuivis, mais encore déclarés solidairement et par corps responsables de toutes les opérations faites depuis et après leur nomination.

98. Quelle est la portée de ces termes *pourront être...* employés par l'art. 7? M. Romiguières enseigne que la simple faculté qu'ils impliquent ne doit s'entendre que relativement à la poursuite et au droit que les actionnaires ont de l'intenter ; que ce droit se réalisant, les tribunaux doivent forcément l'accueillir et condamner les membres du conseil [1].

Nous ne saurions partager cet avis, qui nous paraît repoussé par le texte de la loi autant que par son esprit. Il est certain que si cette condamnation inévitable avait été dans la pensée du législateur, il n'eût pas manqué de l'exprimer par la locution dont il se sert dans plusieurs hypothèses de ce genre : *seront condamnés*. L'absence de ces dernières expressions est donc exclusive de l'interprétation adoptée par M. Romiguières.

D'ailleurs, une condamnation n'est possible parce qu'elle n'est équitable que lorsqu'elle est méritée. Or, dans maintes circonstances, la matérialité du fait pouvant en devenir le fondement n'en établit pas l'imputabilité. Dans notre hypothèse, les membres du conseil peuvent avoir agi avec la plus entière bonne foi ; ils peuvent s'être trompés ou l'avoir été par les ruses employées par le gérant. Ne fallait-il pas avoir égard à

---

[1] *Vide infrà* notre *Commentaire de l'art.* 8.

ces hypothèses et en tenir compte ? Il est naturel que le législateur l'ait ainsi pensé.

Comment d'ailleurs équivoquer sur la portée des termes en présence du dernier paragraphe de l'article ? Là aussi on déclare que les fondateurs ou ceux qui ont fait un apport en nature ou stipulé des avantages particuliers *pourront* être passibles de la même responsabilité. Est-ce qu'on oserait soutenir que la nullité de la société, sans qu'on ait à leur faire aucun reproche d'avoir participé aux actes du gérant, ou de les avoir provoqués, leur ferait inévitablement encourir cette responsabilité ?

Or, ce qui serait injuste dans ce cas peut ne l'être pas moins dans le premier. On doit décider que, pour celui-ci comme pour celui-là, la faculté exprimée par la loi est surtout laissée aux tribunaux, qui ne peuvent être contraints à agir contrairement aux inspirations de leur conscience.

99. Ce qu'on doit espérer et exiger d'eux, c'est de s'abstenir d'un excès d'indulgence qui aurait pour résultat la mise hors d'instance des membres du conseil de surveillance. Dans le plus grand nombre des cas, ils doivent se montrer plutôt sévères dans leur appréciation. Une erreur spontanée ou suggérée est difficile à admettre lorsqu'il s'agit de la constatation d'un fait matériel devant résulter de documents précis et certains. L'ignorance dans laquelle ces membres auraient été à cet égard ferait présumer une négligence et le défaut d'exigence de la production de ces documents, c'est-à-dire la violation d'un devoir, et cette présomption

ne devrait céder que devant la certitude de manœuvres qui devaient faire considérer cette production comme inutile.

L'avenir de la loi tient à la rigueur qu'on mettra à en prescrire l'exécution franche et entière, surtout en ce qui concerne les conseils de surveillance. Leur mission ne peut être maintenue dans la voie que le législateur lui a tracée que par une répression sévère de toute omission ou de tous écarts.

100. La responsabilité que l'article 7 permet de faire peser sur les membres du conseil de surveillance rencontra une assez vive opposition dans le sein du Corps législatif. L'honorable M. Gouin, entre autres, trouvait que cette disposition allait trop loin. Elle n'est pas indispensable, disait-il, et elle sera d'une application fort difficile. Il est vrai qu'en l'état présent des choses, le conseil de surveillance a peu d'efficacité ; mais la sévérité de l'article 7 rendra fort difficile et même presque impossible la formation de ce conseil. Même pour des hommes sérieux et habiles, la surveillance n'est pas chose aussi facile qu'on le suppose; car, quelle que soit leur aptitude, ce n'est pas par une vérification mensuelle qu'ils peuvent s'assurer qu'il ne s'est glissé dans les écritures ni erreur, ni fraude. Ils peuvent être trompés ou commettre une erreur; faut-il pour cela qu'ils subissent la responsabilité de l'article 7 ? Des hommes honorables, dont l'intervention aurait été trèsutile, la refuseront lorsqu'elle pourra entraîner de telles conséquences.

101. On répondait avec juste raison que ces repro-

ches pouvaient, jusqu'à un certain point, être adressés à l'article 10, mais qu'ils étaient évidemment sans portée à l'endroit de l'article 7. Celui-ci, en effet, n'édicte la responsabilité du conseil de surveillance qu'à raison de formalités matérielles, simples, aisément saisissables, sur lesquelles on ne peut pas se méprendre, et qui apparaissent à tout membre du conseil, pour peu qu'il ait siégé une seule fois dans ce conseil.

Les dispositions de cet article, ajoutait M. Duvergier, commissaire du gouvernement, sont tellement claires, qu'aucun membre du conseil de surveillance, pour peu qu'il veuille être attentif, ne peut se faire illusion. Il y aura d'ailleurs, pour ces membres, un moyen facile d'échapper à cette responsabilité, il suffira qu'ils lisent les statuts de la société et les six premiers articles de la loi où sont indiquées les conditions qu'elle exige pour la formation des sociétés en commandite.

Ces raisons, d'une justesse incontestable, prévalurent, et l'article 7 sortit de la discussion tel qu'il se trouve inscrit dans la loi.

102. Le conseil de surveillance est donc chargé de veiller à la constitution régulière de la société, et pour cela, de s'assurer de l'entière et loyale exécution des conditions exigées pour cette constitution. Nous avons déjà indiqué la conduite qu'il doit tenir en cas d'omission d'une ou de plusieurs de ces conditions, si ses membres veulent échapper à la responsabilité dont les frappe le législateur.

Cette responsabilité, dans tous les cas, ne s'applique qu'aux opérations faites depuis la nomination du conseil. La loi dit nomination et non l'entrée en exercice, parce que celle-ci doit suivre immédiatement la première, et qu'il fallait éviter que, par un retard calculé ou même consenti, on échappât aux conséquences de l'abus qu'on aurait laissé se continuer pendant plus ou moins longtemps.

La restriction de la responsabilité aux opérations postérieures à la nomination était forcée. Comment, en effet, rendre les membres du conseil tenus d'un acte qu'ils n'avaient ni qualité, ni droit, ni moyens d'empêcher ?

Aucun doute ne saurait donc s'offrir sur l'application de l'art. 7. La date des opérations et celle de la nomination détermineront, par leur rapprochement, si la responsabilité est ou non encourue.

103. *Quid* si la société est annulée parce que, contrairement à l'art. 5, le gérant aurait commencé les opérations avant l'élection du conseil de surveillance ?

Dans ce cas, le conseil n'a pu réellement empêcher l'acte du gérant, mais il doit le dénoncer aux intéressés pour les mettre à même de faire valoir leur droit. S'il n'a pas fait cette dénonciation, et que plus tard la nullité de la société soit poursuivie et prononcée, le conseil répondra-t-il, non-seulement des opérations qui ont suivi sa nomination, mais encore de celles qui l'avaient précédée ?

On pourrait, pour l'affirmative, prétendre que le préjudice que ces dernières ont occasionné n'a été consommé que postérieurement à la nomination du conseil et par sa négligence. Mais cette prétention ne serait ni juste, ni juridique. En effet, puisque la nullité ne peut être opposée aux tiers par les intéressés, il est évident que les droits des uns contre tous les autres sont acquis au moment même du contrat ; que dès lors le préjudice qui peut résulter de celui-ci est consommé ; et que si, en réalité, le contrat a eu lieu avant la nomination du conseil, celui-ci, quelle qu'ait été sa conduite, n'en a été ni la cause ni l'occasion ; on ne saurait dès lors le rechercher à raison de ce préjudice.

104. L'hypothèse que nous examinons signale une exception possible au principe que la nullité radicale, légale et absolue, ne peut être ni expressément ni tacitement ratifiée.

Supposez, en effet, qu'obéissant à son devoir, le conseil de surveillance, découvrant que les opérations ont précédé sa nomination, réunisse les actionnaires et leur communique cette découverte ; l'assemblée générale devra-t-elle inévitablement faire prononcer la nullité de l'article 6 ? pourra-t-elle, au contraire, se prononcer pour la continuation ?

A notre avis, on doit admettre cette faculté. Ce que nous verrions dans la délibération qui la consacrerait serait un véritable traité entre le gérant et les actionnaires, par lequel ces derniers prendraient à leurs risques et périls des opérations, soit déjà liquidées, soit en cours d'exécution. Or, un traité de ce genre n'a rien d'illicite ou d'immoral. On le validerait en toute autre circonstance et pour des opérations étrangères jusque-là à la société. Pourquoi le prohiberait-on pour celles qu'on pouvait laisser au compte personnel du gérant? Celles-ci comme celles-là ne sont-elles pas susceptibles de se solder avantageusement et de produire un bénéfice?

Il y a donc dans la détermination des actionnaires moins une transaction sur la nullité qu'un contrat aléatoire, dont on dût leur prohiber de courir les chances.

105. Mais de là cette conséquence que ce contrat ne serait obligatoire que pour ceux qui l'auraient expressément et volontairement accepté et consenti, ce que nul ne saurait être contraint de faire. La délibération, si elle n'avait été prise qu'à la majorité, ne lierait qu'elle. La minorité, se réduisît-elle à un seul, ne pourrait ni être contrainte à l'exécuter, ni privée du droit de poursuivre la nullité et de la faire prononcer pour ce qui la concerne.

Nous employons à dessein ces derniers mots, car, à notre avis, l'approbation de la majorité serait et devrait être un obstacle à une nullité à laquelle le ou les dissidents n'auraient d'ailleurs aucun intérêt réel. Ce qui leur importe, c'est d'obtenir le remboursement de ce qu'ils ont versé, ce que l'accueil de leur demande leur concéderait; c'est d'être libéré dans l'avenir, ce qui résulterait de la publicité du jugement qui constaterait à l'égard des tiers, et leur retraite, et la diminution qu'elle ferait subir au capital primitif.

106. La responsabilité du conseil de surveillance n'existe qu'en faveur des intéressés simples actionnaires, elle ne saurait être invoquée par le gérant. Il serait en effet singulier que l'auteur principal du fait

qui la crée dût en être indemnisé, et pût réclamer cette indemnité de ceux qui n'ont pas d'autre tort que celui d'avoir toléré sa conduite et passé l'éponge sur sa faute.

Il n'y a donc que les associés non gérants qui soient recevables et fondés à recourir contre le conseil de surveillance; eux seuls, en effet, sont exempts de tout reproche. Ils n'ont commis ni faute ni négligence. La faculté de se faire indemniser du préjudice qu'ils ont éprouvé est donc rationnelle et juste.

107. L'effet de la responsabilité est de rendre, dans la limite de l'art. 7, les membres du conseil de surveillance obligés au même titre que le gérant lui-même. C'est ce qu'exprime la solidarité proclamée par la loi ; mais cette solidarité ne peut produire ses effets qu'en faveur des intéressés ; du gérant aux membres du conseil, elle n'en crée aucun. Ainsi, non-seulement le gérant qui aurait intégralement payé le montant des condamnations ne pourrait rien répéter contre les membres du conseil de surveillance, mais encore il ne pourrait se soustraire à l'action en recours que ceux-ci exerceraient contre lui pour l'obliger à les relever et garantir des effets des condamnations prononcées contre eux. A son endroit, l'obligation des surveillants n'est en réalité qu'un cautionnement. Il y a donc lieu de les régir par le principe de l'art. 1216 du Code Napoléon.

108. La responsabilité prononcée par l'art. 7 contre les membres du conseil de surveillance peut également ment atteindre le fondateur de la société ou celui au profit duquel ont été stipulés des avantages particuliers. L'intérêt que l'un et l'autre ont à ce que la

société sortît à effet, les rendait justement suspects et commandait de se précautionner contre leurs faits, qu'ils auraient pu dissimuler sous des apparences mensongères.

Choisi par eux, le gérant osera-t-il se refuser à leurs suggestions, à leurs prières, à leurs menaces ? Si, cédant aux unes ou aux autres, il consent à violer la loi, n'est-il pas juste que ceux qui ont encouragé ou déterminé ses actes partagent la peine qu'il a encourue ?

En principe donc la disposition de l'art. 7, en ce qui concerne le fondateur ou celui qui a stipulé des avantages particuliers, est équitable. Elle est utile, car son application peut les retenir dans la voie légale dont il ne pouvait leur être permis de s'écarter.

Mais cette application est subordonnée à la preuve qu'ils ont pris une part plus ou moins active à la conduite du gérant. S'ils ne l'ont ni connue, ni sollicitée, ni encouragée, en un mot, s'ils y sont demeurés absolument étrangers, leur responsabilité ne serait plus qu'un effet sans cause qu'il ne pouvait être dans la pensée de la loi d'autoriser et de consacrer. C'est ce que démontrent les expressions mêmes de notre article.

ARTICLE 8.

Les membres du conseil de surveillance vérifient les livres, la caisse, le portefeuille et les valeurs de la société.

Ils font, chaque année, un rapport à l'assemblée gé-

nérale sur les inventaires et sur les propositions de distribution de dividendes faites par le gérant.

ARTICLE 9.

Le conseil de surveillance peut convoquer l'assemblée générale. Il peut aussi provoquer la dissolution de la société.

ARTICLE 10.

Tout membre d'un conseil de surveillance est responsable, avec les gérants, solidairement et par corps :

1° Lorsque, sciemment, il a laissé commettre dans les inventaires des inexactitudes graves, préjudiciables à la société ou aux tiers ;

2° Lorsqu'il a, en connaissance de cause, consenti à la distribution de dividendes non justifiés par des inventaires sincères et réguliers.

SOMMAIRE.

109. Nature de l'article 8. Son objet.
110. Nécessité de déterminer d'une manière précise la mission du conseil de surveillance.
111. Péril qu'offrait cette détermination.
112. Caractère qu'il convenait de donner à la mission du conseil.
113. Etendue de la faculté de vérifier les livres.
114. Caractère de celle de vérifier la caisse et les valeurs de la société. Ce que comprennent celles-ci.
115. Conséquences de la violation de l'article 8.
116. Devoirs du conseil en cas d'abus de la part du gérant.
117. La délibération de la majorité repoussant le remplacement du gérant ou la dissolution de la société ne lierait pas la minorité. Conséquences.
118. But et objet de la réunion annuelle que la loi exige.
119. Fraude à laquelle donnait lieu la distribution des dividendes.

109. La disposition de l'article 8 est une des précautions les mieux entendues que le législateur pût consacrer. Nous l'avons déjà dit, une des principales causes de l'inefficacité des conseils de surveillance était le vague dans lequel était laissée la mission qui leur était confiée. L'ignorance de ce qui était permis amenait à ne rien faire pour éviter le reproche d'avoir fait trop et ses conséquences, et écarter toute crainte relativement à la peine édictée par l'article 28 du Code de commerce, que les plus loyales intentions n'auraient pu empêcher d'appliquer. Où commençait l'immixtion? où était le droit? à quel point s'arrêtait-il pour devenir l'abus? Questions graves dont on ne consentait pas à courir la chance ; car leur solution pouvait entraîner la ruine, le déshonneur, la perte de la liberté.

On ne faisait donc rien de peur de mal faire. De très-bonne foi on pouvait d'autant plus agir ainsi qu'on paraissait n'obéir qu'aux conseils de la prudence.

110. Il convenait donc, pour appeler les conseils de surveillance à une coopération active, de dissiper toute crainte à l'endroit de l'article 28 du Code de commerce. C'est ce que le législateur nouveau a compris et exécuté, en déterminant d'une manière nette et précise le caractère et l'étendue de la mission qui leur est confiée. Tant qu'ils ne seront pas sortis du cercle dans lequel cette mission est circonscrite, ils ne seront exposés à aucune recherche à l'endroit de l'immixtion. L'omission des mesures qui leur sont confiées, leur inaction en présence des devoirs qui leur sont imposés seraient donc aujourd'hui sans excuse.

Nous venons de voir l'article 7 énoncer les obligations du conseil, dès sa nomination et avant le commencement des opérations. La société régulièrement commencée et ces opérations ouvertes, les articles 8 et 9 déterminent ses devoirs et ses droits.

111. Cette détermination offrait un péril. Le désir de protéger les actionnaires ne pouvait aller jusqu'à leur sacrifier l'intérêt des tiers. C'est ce qu'on aurait fait cependant si la mission d'un conseil avait offert un caractère tel, que le public pût croire un instant avoir affaire avec des associés solidaires et responsables, et baser sa confiance sur cette opinion.

Comment éviter cette confusion, si le conseil de surveillance pouvait administrer concurremment avec le gérant, si seulement on permettait à ses actes de se produire en dehors de l'administration intérieure et de frapper l'attention des tiers? Une mission de ce genre aurait d'ailleurs excédé les besoins que l'institution avait pour but de satisfaire. Le conseil de surveillance, observait avec raison l'honorable M. Langlois, a le contrôle, le conseil ; il n'a pas la conduite.

112. Or, ce contrôle, l'honorable rapporteur venait de le préciser dans sa nature et son caractère. La loi n'admet pas, nous disait-il, que le conseil de surveillance puisse participer aux actes de gestion extérieure et patente; elle n'admet pas même une intervention pour ainsi dire domestique dans la direction pratique et journalière des affaires. Un gérant n'est pas libre quand un conseil d'intéressés lui trace la marche à suivre, prend part à chaque instant à ses opérations, indique celles qui sont à faire, lui demande compte de ses projets, de ses relations, de ses secrets de fabrication.

Voilà l'esprit de la loi; voilà ce qu'elle s'est proposé et ce qu'elle devait en effet se proposer. Ce sera donc l'appliquer avec exactitude que de renfermer dans ces limites les pouvoirs conférés au conseil.

113. Ces pouvoirs sont énumérés dans l'article 8. Les membres du conseil vérifient les livres : inutile d'observer que cette mission s'applique tant aux livres obligatoires qu'aux livres facultatifs. Ces derniers n'ont qu'une destination, à savoir, celle de rendre les re-

cherches plus faciles et plus sûres en contrôlant les indications plus ou moins explicites du journal.

Comment d'ailleurs constater si les produits que ces indications établissent n'ont pas été omis, négligés et modifiés autrement que par le livre de caisse, par exemple. Sans doute, si ce dernier accusait un chiffre là où le journal en porterait un supérieur, c'est de ce dernier que le gérant serait tenu. Mais des faits de cette nature, abstraction faite d'une erreur qui peut échapper au plus habile, constitueraient une malversation sur laquelle les actionnaires ont intérêt d'être édifiés, et qu'il est dès lors du devoir du conseil de surveillance de rechercher et de constater.

On ne saurait donc lui contester le droit de vérifier toutes les écritures, et réduire cet examen aux seuls livres obligatoires.

114. L'actif constaté par les livres doit se retrouver soit dans la caisse, soit dans le portefeuille. Il était dès lors naturel d'appeler l'attention du conseil de surveillance sur l'une et sur l'autre et de lui en prescrire la vérification. L'utilité de celle-ci ne saurait être méconnue; elle est de nature à empêcher le gérant de divertir les fonds sociaux, ou de les appliquer à ses affaires personnelles; tout au moins à découvrir l'abus et à en rendre, par sa constatation, la répression inévitable.

La loi fait plus encore. La partie de l'actif en portefeuille peut n'être qu'apparente. Un gérant coupable de malversation et d'abus a le plus grand intérêt à en prévenir la découverte, soit pour se soustraire à leurs conséquences, soit pour se ménager les moyens d'en commettre d'autres. Il pourrait donc, obéissant à cet intérêt, remplir le portefeuille de valeurs qu'il aurait fait souscrire au premier venu, et quelquefois moyennant une modique somme.

L'expérience ne permettait malheureusement pas de trop compter sur la délicatesse de certains gérants. Cependant il fallait les atteindre. C'est pour y parvenir que la loi a imposé au conseil de surveillance le soin spécial de vérifier les valeurs de la société.

L'article 8 comprend dans le mot valeurs, non-seulement les effets commerciaux, mais encore les marchandises, le matériel ; en un mot, tout ce qui constitue l'actif social. Ici également, et pour les marchandises surtout, les apparences peuvent être trompeuses. Que d'exemples d'illusions longtemps entretenues à l'aide de coupons ou de cartons vides ! Un conseil de surveillance qui, dupe d'une pareille manœuvre, ne l'aurait ni découverte, ni dénoncée, aurait évidemment manqué à l'un de ses premiers devoirs.

115. Aucune sanction pénale n'est essentiellement édictée par l'article 8. Mais il en existe une évidemment. La loi ne pouvait pas créer un devoir pour en rendre la violation facultative et la laisser impunie. Il est donc certain que les membres du conseil de surveillance qui auraient omis de se conformer exactement aux désirs de l'article 8 pourraient et devraient être tenus à la réparation du préjudice qui en serait résulté pour les actionnaires. Une négligence pareille acquerrait d'ailleurs les proportions du dol, et placerait ses auteurs

sous le coup de l'article 10. *Culpa lata, dolo œqui-
paratur.*

116. Le caractère des pouvoirs du conseil de surveillance ne permettait à ses membres aucune initiative à
l'égard des mesures que la découverte des malversa-
tions et des abus du gérant, ou que l'état réel des affaires sociales exigerait. Ils n'ont en réalité que la faculté de proposition, soit du remplacement du gérant,
soit de la dissolution de la société. L'exercice de cette
faculté a dû leur faire attribuer le droit de convoquer
l'assemblée générale.

117. Ici encore la résolution de la majorité ne lierait en aucune façon la minorité. Que la première oblige
la seconde dans toutes les mesures de pure administration, c'est ce qui ne pourrait être contestable. Mais
la révocation d'un gérant convaincu d'abus, mais la
dissolution de la société sortent évidemment de cette
catégorie.

Comment contraindre les uns à partager les espérances plus ou moins fondées des autres pour un avenir meilleur que le passé? Comment forcer l'actionnaire
qui, effrayé d'une perte importante déjà subie, voudrait se soustraire à la chance de perdre le restant de
sa mise, à subir cette chance, quelque intérêt d'ailleurs
qu'il eût à ne pas s'y exposer.

Il en est donc de l'action en restitution et en remplacement du gérant, et de l'action en dissolution de la
société, comme de celle de la nullité par l'application
de l'article 6. Elle appartient à chaque associé en particulier. Celui-là donc, qui verrait sa prétention re-

poussée par la majorité, serait recevable et fondé à
s'adresser à la justice, qui aurait à statuer sur le mérite
et l'opportunité de sa demande, qui pourrait l'accueillir
et y faire droit, nonobstant la délibération contraire de
l'assemblée générale.

L'admettre autrement, ce serait permettre aux par-
tisans quand même du gérant, et il y en aura dans
toutes les sociétés, de dicter la loi suprême. On doit
d'ailleurs tenir compte de la différence de position. La
perte totale de l'action sera de nulle importance pour
les uns, ruineuse pour les autres. Comment contraindre ceux-ci à en braver la chance avec l'indifférence
que ceux-là ne manqueront pas de témoigner.

Sans doute, la délibération de l'assemblée ne sera
pas inutile, ses motifs seront appréciés par la justice,
dont l'intervention est la meilleure garantie contre
toute demande n'ayant d'autre fondement qu'un entê-
tement irrationnel ou une rancune tracassière.

Ce qui est licite pour tous les associés ne saurait être
prohibé aux membres du conseil de surveillance. Si,
en leur qualité, ils n'ont reçu de la loi que le droit de
provoquer la dissolution dans l'assemblée qu'ils auraient réunie, ils sont, comme actionnaires, recevables
à poursuivre de leur chef cette dissolution par la voie
judiciaire.

118. Indépendamment de la réunion extraordinaire
que le conseil de surveillance peut proposer, il est dans
les prévisions de la loi qu'une assemblée générale se
réunisse toutes les années. Cette prévision repose sur
l'expérience. Il n'est pas de statuts qui ne renferment

la clause d'une réunion générale annuelle, clause qu'on ne saurait omettre sans éloigner les souscripteurs, qui ne le deviennent en général qu'en vue du dividende qui, en fin d'année, doit leur faire toucher, soit l'intérêt de leur argent, s'il n'en a été stipulé aucun, soit la part des bénéfices en vue desquels ils ont adhéré à la société.

119. Ce dividende, c'est le gérant qui le proposera. C'était, avant la loi, un énergique moyen de faire des dupes et d'appeler des souscripteurs nouveaux pour placer la partie du capital restant à souscrire. Le moyen d'inspirer la confiance était, en effet, de faire croire à des bénéfices. On distribuait donc des dividendes importants, ordinairement pris sur le capital, les souscripteurs nouveaux devant combler le vide qui en résultait.

La loi de 1856, en exigeant la souscription préalable du capital entier, a rendu cette fraude sans intérêt réel à ce point de vue, mais elle n'a pas fait et ne pouvait pas faire disparaître les mille et un motifs que le gérant pouvait avoir à la distribution de dividendes fictifs, destinés surtout à entretenir les actionnaires dans l'illusion sur l'état des affaires sociales et à les empêcher ainsi de provoquer la dissolution de la société.

120. Il fallait donc se précautionner contre toute tentative de ce gérant. De là l'obligation imposée aux membres du conseil de surveillance de faire chaque année un rapport à l'assemblée générale sur les inventaires et sur les propositions du gérant à l'endroit des dividendes à distribuer.

L'examen sérieux et attentif des inventaires est d'une haute utilité. De leur sincérité, en effet, peut et doit résulter l'admission du dividende proposé. Destinés à constater l'état réel de la société, ils peuvent et doivent seuls établir les bénéfices prétendus et en autoriser la répartition; il était donc naturel d'appeler sur eux l'attention spéciale du conseil de surveillance.

121. Pour bien comprendre l'exacte portée de la mission du conseil de surveillance à l'endroit des inventaires, il importe de rappeler que le Conseil d'État avait proposé de déclarer que les membres du conseil de surveillance *surveillent* les inventaires et *s'opposent* à ce qu'il soit distribué des dividendes fictifs. On pouvait naturellement croire que pour donner une opinion exacte sur un inventaire, il fallait y avoir été en quelque sorte partie, et être ainsi édifié sur ses indications. Comment le conseil les vérifiera-t-il? Sera-t-il obligé, par exemple, de remesurer chaque pièce de toile, de dentelle, de drap, etc., pour s'assurer que chacune d'elles a bien le nombre de mètres indiqué? Devra-t-il faire procéder au pesage ou au mesurage de telles ou telles autres marchandises? Or, toutes ces difficultés disparaissent si on l'appelait à surveiller l'inventaire au moment de sa confection.

Mais cette surveillance le faisait activement intervenir aux opérations de l'inventaire, l'autorisait à prétendre à en modifier les éléments, à en changer les bases; en un mot, à en opérer le règlement. Tout cela, observait la Commission du Corps législatif, est inconciliable avec le caractère essentiellement passif que la loi a voulu imprimer à la mission du conseil ; et, sur cette observation, on substitua à la rédaction du projet celle qui forme le second paragraphe de l'article 8.

Le conseil de surveillance ne peut donc intervenir activement à l'inventaire, ni rien prescrire obligatoirement au gérant, celui-ci est libre de suivre exclusivement ses propres inspirations : mais ses membres peuvent et doivent en surveiller les opérations pour s'édifier sur leur sincérité, et être en mesure de faire utilement à l'assemblée générale le rapport qu'on exige d'eux. Ce rapport n'est et ne peut être que les observations que la conduite du gérant leur a inspirées et les objections dont elle était susceptible.

122. L'assemblée générale apprécie les unes et les autres, les admet ou les rejette, maintient en conséquence le dividende proposé, le modifie ou le repousse. On n'a pas à redouter fort ce dernier résultat. Il est au contraire à craindre que, se prononçant pour le parti qui favorise le mieux son intérêt, la majorité ne tienne aucun compte des avis du conseil et ne se range avec empressement à celui du gérant.

Mais quoi qu'il arrive, le rapport et les conclusions doivent être insérés dans le procès-verbal de la délibération, et leur certitude aura un double résultat :

1° Les membres du conseil s'étant conformés à la loi ne pourront, sous aucun prétexte, être recherchés par qui que ce soit ;

2° Les actionnaires pourront être contraints de restituer le dividende reçu. Nous avons déjà dit que l'action des tiers en remboursement était recevable, à moins que la certitude d'un bénéfice à l'époque de la distribution ne vînt constituer les actionnaires en état de bonne foi[1]. Or, pourraient-ils alléguer cette bonne foi si, méprisant les justes observations du conseil de surveillance, les actionnaires avaient écarté la vérité et consacré le mensonge ?

123. La responsabilité facultative, en cas de violation des prescriptions des art. 7, 8 et 9, est de plein droit encourue par les membres du conseil de surveillance, dans les hypothèses prévues par l'art. 10. On a reproché à cette disposition un excès de sévérité ; nous croyons, au contraire, qu'elle n'est que juste. En définitive, elle n'exige qu'une seule chose, à savoir que chacun remplisse le devoir qu'il s'est volontairement imposé.

Mais ce devoir, a-t-on dit qui osera l'assumer, alors surtout qu'il est essentiellement gratuit ? Aucun actionnaire n'acceptera de faire partie du conseil de surveillance, et l'on arrivera ainsi à en rendre la composition impossible ou à n'y introduire que des personnes sans solvabilité, pour lesquelles la responsabilité indéfinie n'aura réellement aucun danger.

124. Cette responsabilité, répondait l'honorable organe de la Commission du Corps législatif, doit déplaire aux surveillants de complaisance, à ces hommes que le gérant choisit pour ne rien voir et approuver tout. Plaise à Dieu que la loi éloigne ceux-là des conseils de surveillance! Mais qu'elle puisse inquiéter,

---

[1] Notre *Commentaire des sociétés*, n. 226 et suiv.

décourager les hommes sérieux, qu'elle amène dans les commandites le règne des mercenaires, parce qu'il ne sera pas licite d'apposer sciemment son nom au bas d'un inventaire frauduleux, voilà ce que notre raison se refuse à comprendre. Laissez agir les intérêts lorsque seront en présence, non plus des actionnaires d'un jour que le gérant aura recrutés, mais des souscripteurs dont on saura les noms, qui auront déjà versé le quart de leurs souscriptions, qui seront responsables du solde, les intéressés trouveront bien entre eux cinq hommes honorables pour veiller à la conservation de la propriété commune. Ceux-là ne seront pas effrayés de ce que la loi punit les inventaires mensongers, car ils ne seront pas les créatures du gérant, et ce sera leur intérêt d'en obtenir de fidèles.

125. La Commission avait raison. Tout le monde convenait des effets déplorables de ces inventaires frauduleux à l'aide desquels on distribuait des dividendes qui, prélevés sur le capital lui-même, le faisaient successivement disparaître et conduisaient fatalement la société à la ruine et à la faillite. Tout le monde se réunissait donc à reconnaître la nécessité de mettre un terme à de pareils scandales.

Fallait-il s'en rapporter à ce sujet au gérant seul. L'expérience du passé parlait trop haut pour qu'on pût y songer. Il était donc naturel, puisqu'à côté de ce gérant on organisait un contrôle sérieux et réel, de confier à ceux qui en étaient chargés le soin d'empêcher que ces scandales se renouvelassent.

Pouvait-on dès lors faire pour le conseil de surveillance ce qu'on refusait de faire pour le gérant, s'en remettre à son libre arbitre sur l'exécution du mandat et s'exposer à se trouver désarmé en présence de l'inexécution la plus flagrante, la plus coupable, en présence même d'une complicité évidente dans l'acte du gérant? La réponse se fait d'elle-même. Il y avait donc une inconséquence manifeste de la part de ceux qui, appelant une répression énergique, repoussaient le seul moyen de nature à assurer cette répression.

126. Mais ce moyen, disait-on, pourra conduire à une injustice. Le conseil de surveillance devra-t-il répondre des simulations frauduleuses qui l'auront trompé lui-même? Pourrait-on sans injustice lui imputer l'erreur dans laquelle l'auraient jeté des subtililités dont il ne pouvait soupçonner l'existence?

Cette objection était inconcevable en présence du texte de la loi et supposait une intention que ce texte excluait expressément. Le législateur ne punit ni l'erreur inférée ni celle qui aurait existé de bonne foi. Pouvait-il mieux s'en expliquer qu'en se bornant à rendre responsables ceux qui ont laissé SCIEMMENT commettre dans les inventaires des inexactitudes graves et préjudiciables à la société ou aux tiers, ou consenti AVEC CONNAISSANCE DE CAUSE à la distribution de dividendes non justifiés par des inventaires sincères et réguliers?

Il était donc impossible de reprocher à la loi de permettre d'atteindre dans aucun cas l'ignorance et l'erreur. Elle ne punit qu'un fait positif, constituant une complicité évidente dans la fraude du gérant.

Si son intention ne résultait pas invinciblement de son texte, elle surgirait de cette autre circonstance. Le Conseil d'Etat avait proposé de rédiger l'art. 10 en ces termes : *Les membres du conseil de surveillance sont responsables*, etc. Ces expressions faisaient craindre qu'on voulût y trouver une espèce de solidarité et faire rejaillir sur tous les conséquences de la faute d'un seul. Le Conseil d'Etat, qui n'avait d'ailleurs jamais eu cette pensée, consentit à substituer à sa rédaction celle qui figure dans l'art. 10 et qui prévient toute équivoque.

En réalité donc on ne permet d'atteindre qu'un fait réellement punissable, que l'auteur de ce fait. En quoi une pareille détermination soulèverait-elle une plainte fondée ? Comment effrayerait-elle les actionnaires sérieux ? Il y a un moyen héroïque de se soustraire à ses effets, à savoir : s'abstenir de violer ses devoirs, de témoigner une complaisance coupable. Qu'a donc de rigoureux pour un homme probe et loyal une condition de ce genre ?

Nous avons donc raison de dire que le principe de l'art. 10 n'est que juste. Il ne retiendra que ceux qui reculeraient devant l'exact accomplissement du devoir, et nous nous écrions volontiers avec l'honorable M. Langlois : Plaise à Dieu qu'il en soit ainsi !

127. L'exécution de l'art. 10 peut offrir quelques difficultés : d'abord sur le caractère des actes, ensuite sur les faits constitutifs de la connaissance exigée pour encourir la responsabilité.

Sur le premier point, on doit considérer comme

préjudiciable à la société l'inexactitude ayant pour objet de dissimuler une partie du passif ou d'exagérer l'actif. L'un et l'autre de ces faits arrivent à cette conséquence d'induire les sociétaires en erreur, de leur cacher l'état réel des affaires, de leur taire l'importance de la perte, et de les engager à laisser se continuer une société que la connaissance de la vérité aurait fait dissoudre.

Le préjudice est ici cette continuation elle-même qui dévorera le solde du capital, et entraînera soit la perte totale, soit une perte plus forte que celle précédemment subie.

128. L'inventaire est une mesure d'intérieur qui n'est pas destinée à recevoir de la publicité; mais cette publicité on peut la lui donner, en ce sens qu'on peut la produire pour déterminer la confiance qu'on sollicite. A ce point l'inexactitude consistant dans la dissimulation du passif, ou dans l'exagération de l'actif, aurait été préjudiciable aux tiers dans le sens de l'article 10, car il aurait inféré une croyance trompeuse sans laquelle on n'aurait pas traité avec la société.

Si l'inventaire inexact a été suivi de la distribution d'un dividende, et c'est surtout pour en arriver là qu'on commettra des inexactitudes, tout ce qui a été réparti à ce titre a été réellement prélevé sur le capital, et la possibilité d'un préjudice pour les tiers devient incontestable. Ceux qui avaient traité avant verront diminuer le gage de leur créance. Ceux qui n'ont traité que depuis et après auront été trompés, puisque le gage qu'on leur offrait et qu'on assurait exister n'existait plus en effet, ou était déjà grevé peut-être au delà de sa valeur.

129. Or, il est difficile d'admettre que les inexactitudes dans un inventaire n'aient pas l'un des buts que nous venons d'indiquer. Dès lors, la matérialité de ces inexactitudes établit suffisamment la mauvaise foi du gérant.

Le membre du Conseil de surveillance qui appose sa signature au bas d'un pareil inventaire donne lieu par cela même au soupçon de s'être associé à la fraude du gérant. Pour lui cependant ce fait matériel de la signature n'établit qu'une présomption qu'il lui est facultatif de détruire. Si cette signature a été surprise par l'erreur ou obtenue par le dol, l'actionnaire n'a pas agi sciemment, et il n'encourt aucune responsabilité.

Mais l'allégation de l'erreur ou du dol devient l'exception de celui qui l'invoque pour s'affranchir de cette responsabilité. A lui donc la charge de la preuve de l'une ou de l'autre.

130. Pourrait-on déclarer avoir agi sciemment et avec connaissance de cause le membre du Conseil de surveillance qui, acceptant aveuglément les indications de l'inventaire, se serait abstenu de toute recherche, de toute investigation avant de le signer?

Nous venons de voir que pour les membres du Conseil, la fraude entraînant la responsabilité consiste plutôt *in committendo* que *in omittendo*. Cependant il faut faire la part de la règle que nous avons également rappelée, *culpa lata dolo œqui paratur*. Or, le membre d'un Conseil de surveillance pourrait-il commettre une faute plus lourde que celle de s'abstenir de s'assurer de la sincérité des faits qu'il garantit par sa signature, ou dont il accepte passivement la vérité?

On pourrait donc le déclarer responsable à ce point de vue. Cependant, nous croyons que pour entrer dans l'esprit de la loi, on doit distinguer.

131. Si la recherche dont le membre du Conseil s'est abstenu était facile et devait nécessairement aboutir à faire découvrir le mensonge, notre question doit être résolue affirmativement. Quelle excuse pourrait-on offrir si on avait laissé le gérant supposer des objets qui n'ont jamais été dans la possession de la société ou qui en étaient sortis à l'époque de l'inventaire? Annoncer un actif de 100,000 fr. lorsqu'il ressort nettement des écritures que l'actif réel ne peut être que de 50 ou de 60,000? Porter un reliquat de caisse, lorsque cette caisse solde par appoint? Porter comme bonnes des créances évidemment véreuses, ou comme rentrées d'autres qui existent encore en portefeuille et qui ne rentreront peut-être jamais? Un simple coup d'œil sur les magasins sociaux ou sur les livres devait infailliblement amener la découverte de la fraude du gérant. Celui-là donc qui, en ayant reçu et accepté le devoir, s'est volontairement abstenu de cette simple vérification s'est sciemment associé à cette fraude et prêté à sa consommation. Il est donc juste qu'il en supporte les conséquences.

132. Mais si l'inexactitude ne consiste que dans une certaine exagération dans les quantités existant réellement. Si les indications de l'inventaire sont con-

formes aux livres, parce que ces livres dès longtemps préparés en vue d'un inventaire favorable auront été inexactement et frauduleusement tenus, le défaut de recherche de la part des membres du conseil de surveillance ne suffirait pas pour les faire déclarer responsables. Nulle part, en effet, la loi n'a exigé d'eux le pesage ou mesurage de chaque objet indiqué dans l'inventaire, et ce n'est cependant que par l'un ou par l'autre qu'ils auraient pu être édifiés sur leur quotité réelle. On ne saurait donc sérieusement leur reprocher de s'être abstenu de faire ce à quoi ils n'étaient pas tenus.

Dans cette même hypothèse, l'examen des livres ne pouvait avoir aucun résultat utile, puisque l'inventaire en reproduit fidèlement la substance. Les membres du Conseil devraient-ils répondre d'une fraude dont ils sont eux-mêmes victimes et qui, destinée à tromper leur vigilance, ne pouvait être soupçonnée par eux ?

En réalité donc, dans cette seconde hypothèse, la négligence du conseil n'a pas été la cause efficace et directe du préjudice. La preuve de cette négligence acquise ne suffirait pas pour faire appliquer l'article 10.

133. Au reste, cette application est laissée à la prudence des tribunaux, quant à la détermination de l'intention. La question de savoir si le membre poursuivi a agi sciemment et avec connaissance de cause ou non est nécessairement subordonnée aux faits et circonstances, et tranchée souverainement par les deux degrés de juridiction. Mais l'affirmative admise, la con-

damnation devient forcée, et ne saurait comporter aucune modification; ce qui est dû, c'est la réparation intégrale du préjudice par le membre du conseil, solidairement avec le gérant, sous peine d'y être contraint par corps.

134. Terminons en rappelant un incident qui se produisit dans la discussion de la loi au Corps législatif, et qui ne manque pas d'avoir une importance réelle dans l'exécution que doit recevoir la mission du conseil de surveillance. En principe, la faculté de faire par mandataire ce dont on est soi-même capable est de droit commun. Pourra-t-elle être exercée par les membres du conseil de surveillance, et celui d'entre eux qui serait empêché d'agir sera-t-il admis à se faire représenter par un mandataire ? Telle était la question que l'honorable colonel Du Marais posait expressément. A quoi le rapporteur répondit que cela était évidemment impossible.

M. le rapporteur avait incontestablement raison. On peut déléguer à un mandataire ses propres affaires, mais non celles dont on s'est chargé pour le compte d'autrui, à moins qu'on ait été formellement autorisé à le faire.

Or, la nomination à un conseil de surveillance, loin de renfermer le pouvoir de se substituer un tiers, l'exclut expressément. Ce qui a déterminé cette nomination, c'est la position personnelle de celui qui en a été l'objet, sa moralité, sa probité, toutes garanties qui pourraient ne pas se trouver à un même degré chez le mandataire.

La mission est donc exclusivement personnelle ; le membre empêché ne pourrait être régulièrement remplacé que par les suppléants que l'assemblée générale aurait elle-même choisis, dans la prévision de cette éventualité ; ce qu'il est de son intérêt de faire surtout lorsque le conseil n'est composé que du nombre rigoureusement exigé par la loi, c'est-à-dire de cinq membres.

Observons encore que la prohibition de choisir un mandataire ne s'applique qu'aux membres des conseils, et pour l'exercice des actes qui leur sont dévolus en cette qualité. Comme actionnaires et relativement aux droits ressortissant de cette qualité, on ne saurait leur refuser une faculté dont jouissent incontestablement tous ces actionnaires. Ils pourraient donc, comme ceux-ci, en confier l'exercice à un mandataire.

ARTICLE 11.

L'émission d'actions ou de coupons d'actions d'une société constituée contrairement aux art. 1 et 2 de la présente loi est punie d'un emprisonnement de huit jours à six mois et d'une amende de cinq mille francs à dix mille francs, ou de l'une de ces peines seulement.

Est puni des mêmes peines le gérant qui commence les opérations sociales avant l'entrée en fonctions du conseil de surveillance.

ARTICLE 12.

La négociation d'actions ou de coupons d'actions dont la valeur ou la forme serait contraire aux disposi-

tions des art. 1 et 2 de la présente loi, ou pour lesquels le versement des deux cinquièmes n'aurait pas été effectué conformément à l'art. 3, est punie d'une amende de cinq cents francs à dix mille francs.

Sont punies de la même peine toute participation à ces négociations et toute publication de la valeur de ces actions.

ARTICLE 13.

Sont punis des peines portées par l'art. 405 du Code pénal, sans préjudice de l'application de cet article à tous les frais constitutifs du délit d'escroquerie :

1° Ceux qui, par simulation de souscriptions ou de versements, ou par la publication faite de mauvaise foi de souscriptions ou de versements qui n'existent pas, ou de tous autres faits faux, ont obtenu ou tenté d'obtenir des souscriptions ou des versements ;

2° Ceux qui, pour provoquer des souscriptions ou des versements, ont, de mauvaise foi, publié les noms de personnes désignées contrairement à la vérité, comme étant ou devant être attachées à la société à un titre quelconque ;

3° Les gérants qui, en l'absence d'inventaires, ou au moyen d'inventaires frauduleux, ont opéré entre les actionnaires la répartition de dividendes non réellement acquis à la société.

L'article 463 du Code pénal est applicable aux faits prévus par le présent article.

SOMMAIRE.

135. L'art. 10, en déclarant les membres du conseil de surveillance solidaires des condamnations en-
courues par le gérant, établissait par cela même la responsabilité de celui-ci au point de vue de l'intérêt civil.
Mais, nous l'avons déjà dit, cette responsabilité ne sa-
tisfaisait en rien à l'intérêt général que la loi a voulu
également protéger. Pouvait-on, d'ailleurs, la considérer comme créant un lien assez puissant pour retenir
le gérant dans la voie du devoir et de la loyauté. Son
insolvabilité réelle ou frauduleusement préparée lui
offrait le facile moyen d'en éluder les effets. Celui qui
avait osé demander des ressources à la fraude ne devait certes pas reculer devant une fraude nouvelle
ayant pour objet de lui assurer le bénéfice de la première.

Le législateur ne pouvait se promettre que la réprobation si explicite qu'il manifestait contre les abus et
les scandales suffirait pour les faire disparaître. Il devait donc placer cette réprobation sous la sanction
d'une répression énergique contre ses auteurs.

136. Or, ceux-ci sont, non-seulement le gérant qui

a méconnu la loi, mais encore tous ceux qui ont concouru à lui en assurer le bénéfice. Le mal réel consiste moins dans l'acte du gérant que dans les faits qui en déterminent la consommation au préjudice du public, c'est-à-dire l'émission des actions, leur négociation, la publication de leur valeur. Tout cela est bien imputable au gérant; mais ceux qui acceptent ces actions pour les répandre, ceux qui les négocient, ceux qui facilitent cette négociation en en publiant la valeur, s'associent évidemment à la violation de la loi. Ce qui était punissable chez le gérant pouvait d'autant moins rester impuni à leur endroit, qu'en réalité ils n'avaient été déterminés que pour se procurer personnellement un bénéfice.

L'honorable rapporteur du Corps législatif était donc dans le vrai lorsqu'il s'écriait : « Pour que le but poursuivi par les art. 1, 2, 3 et 4, fût sérieusement atteint, une sanction pénale efficace était indispensable. Il fallait infliger des peines sévères à tous ceux qui, dans une intention coupable, violeraient une prescription de la loi, notamment ceux qui émettent les actions d'un société dont les statuts seraient en opposition avec les art. 1 et 2 ; ceux qui négocieraient des actions dont la valeur ou la forme s'écarterait des règles prescrites par les mêmes articles, ou pour lesquelles le versement exigé par l'art. 3 n'aurait pas été effectué ; ceux enfin qui publieraient la valeur de ces actions. Dans tous les cas, soit qu'on considère les intentions, soit qu'on s'attache aux conséquences des faits, soit qu'on apprécie l'intérêt qu'on peut avoir à commettre ces infractions,on reconnaît la nécessité d'une pénalité élevée. »

137. Cette nécessité ne pouvait être ni méconnue, ni contestée. Tout le monde désirait, en effet, ardemment mettre un terme à des scandales et à des fraudes, qui non-seulement s'écartaient de cette stricte probité qu'exige le commerce, mais qui, en insinuant la passion du jeu dans toutes les classes, corrompaient les mœurs et le caractère de la nation.

On consentit donc à considérer comme des délits l'émission, la négociation et la publication de la valeur des actions non conformes aux prescriptions de la loi ; la mise en mouvement de la société avant l'entrée en fonction du conseil de surveillance. On ne pouvait, en effet, laisser impuni le gérant qui, au mépris de l'art. 4, commençait les opérations sociales avant d'avoir donné aux actionnaires la garantie d'un conseil de surveillance légalement constitué [1].

138. Tous les délits créés par la loi n'ont pas la même importance, ne présentent pas le même caractère. Les nuances qui les distinguent ont déterminé une différence dans la peine.

Ainsi l'émission d'actions ou de coupons d'actions d'une société constituée contrairement aux articles 1 et 2, l'ouverture des opérations avant l'entrée en fonction du conseil de surveillance, entraînent un emprisonnement de huit jours à six mois et une amende de cinq cents francs à dix mille francs, ce cumul des peines est la conséquence d'abord de la gravité des

---

[1] Exposé des motifs.

faits constituant la consommation de la violation de la loi, ensuite de ce que la peine n'atteindra et ne peut jamais atteindre que les fondateurs et le gérant, c'est-à-dire ceux qui ont un intérêt direct et majeur à cette violation, et dont par conséquent l'intention mauvaise ne saurait que difficilement être mise en doute.

139. Il est vrai que ce cumul n'est que facultatif pour les tribunaux. Cette concession prouve la retenue que s'est imposée le législateur. Quelque inexcusables que soient les faits, leur gravité pourrait dans des circonstances être atténuée par les faits eux-mêmes, et c'est cette atténuation dont le législateur a voulu permettre de tenir compte.

Mais qu'on ne s'y trompe pas, le cumul des peines est dans l'esprit de la loi, parce que celui que la crainte d'une amende quelconque ne retiendrait pas pourrait reculer devant un emprisonnement; parce que tel autre courrait les chances de cet emprisonnement qui n'exposerait pas volontiers la plus petite parcelle de sa fortune. Les tribunaux ne doivent donc user de la latitude que leur laisse la loi que dans des cas rares, que lorsqu'ils seront bien convaincus de la nécessité et de la justice de son exercice.

140. La négociation d'actions ou de coupons n'ayant ni la valeur ni la forme prescrite est un tort d'autant plus grave que portant avec elles-mêmes la preuve de leur irrégularité, ils la décèlent à tous les yeux. Ceux-là donc qui les acceptent pour les transmettre à d'autres, et qui en opèrent réellement le transfert, violent ouvertement la loi. S'abstenir de tout acte de cette na-

ture est un devoir rigoureux pour tous les citoyens. Dès lors, la peine qui en garantit l'observation ne saurait mériter aucun reproche fondé.

Celui-là donc à qui on offrira des actions dans une société quelconque devra les refuser si elles sont au porteur; si elles sont nominatives, s'assurer d'abord si leur valeur, relativement au capital social, est bien celle déterminée par la loi ; ensuite, si elles ont été libérées des deux cinquièmes dont cette loi exige le versement. S'il les accepte sans ces précautions, il se rend complice de la fraude et en assume volontairement les conséquences.

141. A plus forte raison en serait-il ainsi si, après les avoir acceptées, il les négociait lui-même ; mais ce transfert n'est pas nécessaire. La culpabilité existe par le seul fait de l'acceptation. C'est la négociation que la loi punit; or, cette négociation n'existe que lorsqu'il y a un cédant et un cessionnaire. Elle est donc le fait de l'un comme de l'autre, et on doit les punir tous les deux.

Cette solution est surtout évidente en présence du texte du dernier paragraphe de l'article 12. La peine est ici édictée contre toute participation à la négociation. Or, si le cessionnaire pouvait échapper à la loi en cette qualité, il en serait inévitablement atteint en celle de participant à la négociation.

142. L'article 12, dans ce dernier paragraphe, a voulu atteindre, non-seulement les parties elles-mêmes, mais encore les intermédiaires qui auraient facilité ou préparé la négociation ; notamment les agents de change.

Préposés par la loi elle-même, ceux-ci doivent plus religieusement, plus scrupuleusement encore que tout autre s'abstenir de la méconnaître et de la violer.

143. Le projet de loi avait cru devoir les indiquer nommément. Mais il ne proposait de soumettre les agents de change qui auraient prêté leur ministère à l'émission ou à la négociation irrégulière qu'à la peine édictée par l'article 13 de la loi des 15-21 juin 1845, c'est-à-dire à une amende de cinq cents à trois mille francs.

Cet article fut retranché par le Conseil d'Etat, sur les observations du Corps législatif. Il devait l'être sous un double rapport. Il était inutile, car la généralité des termes de l'article ne permettait pas de douter qu'il comprît les agents de change comme tous autres intermédiaires ayant participé à la négociation.

Il est évident que leur concours est plus coupable encore que celui de tout simple citoyen; n'était-il pas dès lors au moins singulier qu'on descendît pour eux à trois mille le *maximum* de l'amende qu'on portait pour ces derniers à dix mille francs? On aurait compris la proposition contraire, tout au moins cette différence était-elle inacceptable.

En conséquence, les agents de change restent soumis à la loi commune. Leur participation à la négociation irrégulière sera punie d'une peine égale à celle infligée à tous autres intermédiaires. Seulement, ils seront de plus que ceux-ci soumis à une poursuite disciplinaire dont les effets, on le sait, peuvent aller jusqu'à la destitution.

144. Le désir d'assurer la prohibition de la négociation irrégulière a conduit le législateur à la poursuivre
dans tous les moyens tendant à la faciliter. A ce titre
se présentait principalement la publicité permettant à
la société de se produire et la recommandant à la confiance publique. Élément actif de propagation, cette publicité n'était régulière et légitime qu'en tant qu'elle
s'appliquait à des actions avouées par la loi. Il fallait
donc réprimer celle qui provoquait au placement d'actions dont la valeur ou la forme n'avait rien de légal.

145. Le principe de la répression ne trouva aucun
contradicteur. La seule difficulté qu'il souleva consis-
tait dans la question de savoir si la peine n'était encourue que par celui qui avait rédigé l'annonce et ordonné
la publication, ou s'il convenait de l'étendre au gérant
du journal qui l'avait insérée.

L'honorable M. Dalloz demanda donc aux membres
du Conseil d'État commissaires du gouvernement, si,
en disant que toute publication de la valeur des actions
pour lesquelles la loi n'aura pas été exécutée entraînerait une amende, on a entendu que cette amende sera
appliquée au gérant du journal qui aura fait l'insertion,
ou bien au gérant de la société en commandite qui
l'aura fait faire.

La question ainsi posée, M. Dalloz la résolvait en faveur du journal. Il paraîtrait exagéré et peu pratique,
observait-il, d'exiger que le gérant du journal vérifiât,
pour toutes les annonces qui peuvent lui être apportées,
si les gérants de la commandite se sont conformés aux
dispositions de la loi ; il me paraît donc que la peine

doit être appliquée au gérant de la société qui a fait l'annonce et non au gérant du journal qui l'a insérée.

146. M. Duvergier répond que cette disposition de l'article 12 est empruntée à la loi du 15 juillet 1845, où le mot *publication* est employé dans le même sens. Ce mot, dans la loi nouvelle, aura la même signification que dans celle de 1845. Lors de la discussion de cette dernière, la même question fut adressée au gouvernement par M. d'Argout à la Chambre des pairs. Le ministre des travaux publics répondit que tout dépendrait des circonstances, et que l'intention de ceux qui auraient fait la publication serait appréciée par les tribunaux. Le gouvernement fait aujourd'hui la même réponse.

147. Cette réponse implique le rejet de l'opinion de M. Dalloz. Sans doute, elle ne dit pas que l'application de l'article 12 doit être faite au gérant du journal ; mais elle est loin de l'exclure, ce qui ne pouvait d'ailleurs être dans l'esprit de la loi.

L'annonce, en effet, ne devient dangereuse que par la publicité qu'elle reçoit, et cette publicité, le journal seul la donne. Comme en agissant ainsi le journal se crée un bénéfice, on pouvait être certain que l'absence absolue de toute responsabilité aurait enlevé toute garantie et compromis ainsi le résultat que la prohibition de la loi s'est proposée.

148. A ce point de vue l'opinion de M. Dalloz était dangereuse ; sous un autre rapport elle pouvait constituer une injustice. Quelle excuse, en effet, pouvait

invoquer le gérant qui aurait inséré l'annonce d'actions au porteur ou d'une valeur inférieure à cent francs. Là loi qui prohibe l'un et l'autre est connue, et on peut, sans grands efforts, comprendre qu'une pareille publication en est la violation la plus formelle. Celui-là donc qui, pour ne pas perdre le bénéfice de cette annonce, l'a accueillie et lui a donné la publicité de l'insertion, mérite d'être puni, et doit être atteint par la disposition de l'article 12.

Dans la double hypothèse que nous supposons, le gérant du journal n'a aucune recherche à opérer pour apprécier l'illégalité de l'annonce. Quel est son devoir si on lui présente une insertion à faire pour des actions nominatives d'une valeur de plus de cent francs, mais inférieure à cinq cents? Uniquement d'exiger qu'on lui justifie de la valeur du capital. Or, dans les annonces de la nature de celles que nous examinons, ce capital est indiqué soit expressément, soit par le nombre d'actions qui le représentent. Donc la multiplication du nombre par la valeur constatera le chiffre total du capital et indiquera si les actions peuvent ou non être de moins de cinq cents francs. Exiger du gérant une opération aussi simple, c'est ne demander rien d'exagéré, ou d'une pratique bien difficile.

Il ne pouvait entrer dans la pensée de personne de vouloir que le gérant recherchât la sincérité des indications qui lui sont données. Aussi, si sa bonne foi a été surprise; si, croyant à la vérité des faits attestés par l'annonce et dont rien ne lui faisait un devoir de douter, il se trouve avoir inséré une illégalité, son intention le met à couvert de toute responsabilité. C'est ce que le gouvernement proclamait en 1845; c'est ce qu'il consacrait encore en 1856.

Mais si l'erreur a été volontaire, si la fausseté des indications pouvait et devait être facilement connue, si enfin le gérant a omis les précautions que conseillait la simple prudence, rien ne saurait le soustraire à l'application de l'article 12.

149. La peine de la négociation et de la publication n'est plus qu'une amende de cinq cents à dix mille francs. La peine de l'emprisonnement a disparu. On n'a donc pas considéré ces actes comme coupables au même titre que l'émission des actions, ou le commencement des opérations avant l'entrée en fonctions du conseil de surveillance. Il était indispensable de les prohiber l'une et l'autre. Mais dans la détermination de sanction qu'il convenait de donner à la prohibition, il ne fallait pas oublier que la peine pouvait atteindre une foule de gens qui auraient cédé plus encore à un fâcheux entraînement qu'à l'intérêt qu'on peut hardiment supposer chez les fondateurs et les gérants. Cette considération a fait retrancher l'emprisonnement dans les hypothèses de l'article 12, et la distance entre le *minimum* et le *maximum* de l'amende laisse aux magistrats la faculté de tenir compte des circonstances plus ou moins favorables au milieu desquelles le fait reproché a eu lieu.

150. Rappelons l'observation que nous avons relevée sous l'article 3. Sa prohibition ne concerne que la négociation commerciale. En conséquence, la cession

d'actions ou de coupons d'actions avant le versement des deux cinquièmes faits en la forme et par les voies autorisées par le Code Napoléon ne pourrait être atteinte de la peine édictée par l'article 12.

151. L'article 13 comble une lacune regrettable et met un terme à une impunité qui a fait bien des victimes. La constitution d'une commandite par actions pouvait être l'occasion de faits qui, rentrant dans la catégorie des actes prévus par l'article 405 du Code pénal, étaient atteints et punis des peines portées par cet article.

Cette répression exigeait la réunion des caractères déterminés, en l'absence desquels le fait reproché, quelque odieux, quelque blâmable qu'il fût, au point de vue de la morale et de la justice, restait forcément impuni et hors d'atteinte.

Ainsi, l'erreur inférée par les fondateurs ou le gérant à l'aide de souscriptions simulées, et n'ayant rien de sérieux, de faits reconnus faux et mensongers, de la trompeuse désignation de personnes considérables qu'on laissait croire intéressées à la société, quoiqu'elles y fussent complétement étrangères, de la distribution enfin de dividendes non acquis au moyen d'inventaires frauduleux : toutes ces ruses coupables pouvaient se produire sans danger pour leur auteur, et Dieu sait avec quelle audace elles étaient exploitées !

La loi nouvelle, cédant au sentiment public, a restitué à ces actes leur véritable caractère, en les déclarant constitutifs de l'escroquerie et leur appliquant la peine de celle-ci. Pourrait-on contester l'exactitude et la justesse de cette assimilation ? Les faits prévus par l'article 13 ne sont-ils pas tout autant de manœuvres déloyales et partant frauduleuses, n'ont-ils pas pour objet de persuader de l'existence d'un crédit imaginaire, d'inspirer des espérances chimériques; pour but de s'emparer de tout ou de partie de la fortune d'autrui ? Donc la morale et la justice protestaient contre leur impunité, et on ne peut qu'applaudir à la résolution de combler la regrettable lacune que cette impunité signalait dans notre loi pénale.

152. Désormais donc seront punis des peines édictées par l'article 405 du Code pénal :

§ 2. 1° Ceux qui, par simulation de souscriptions ou de versements, ou par la publication faite de mauvaise foi de souscriptions ou de versements qui n'existent pas, ou de tous autres faits faux, ont obtenu ou tenté d'obtenir des souscriptions ou des versements.

153. L'exigence du versement du quart des actions a éloigné la possibilité des souscriptions de complaisance, mais ne l'a pas fait disparaître. Ce qu'on exécutait autrefois pour rendre la constitution de la société définitive, on pourrait le tenter aujourd'hui pour obtenir plus promptement et plus sûrement les adhésions qu'on sollicite.

Or, chacun sait qu'un moyen puissant d'appeler la confiance est de paraître l'avoir obtenue. Prétendre que dès son apparition un projet a recueilli de nombreuses, d'importantes adhésions, c'est inspirer l'idée la plus avantageuse sur l'avenir et déterminer le public à y prendre part.

On pourrait donc vouloir se donner cette apparence, soit par la simulation de souscriptions ou de versements, soit en publiant comme réalisés les uns et les autres qui n'auraient pourtant jamais existé, soit enfin par l'indication de tous autres faits faux. Quel que soit l'acte, il suffit qu'il déguise l'état des choses, et qu'il ait pour but de capter la confiance pour qu'il tombe sous l'application du premier paragraphe de l'article 13 ;

154. 2° Ceux qui, pour provoquer des souscriptions ou des versements, ont de mauvaise foi publié les noms de personnes désignées, contrairement à la vérité, comme étant attachées à la société à un titre quelconque.

155. Un nom honorable est souvent l'enseigne la plus utile, la plus désirable que puisse prendre une société ; l'exemple donné par une personne considérable est des plus entraînants. L'emprunt de ce nom, la supposition de ce concours étaient d'un intérêt trop évident pour certaines spéculations, pour qu'on s'abstînt d'y avoir recours. On sait avec quelle impudeur ce moyen avait été exploité.

Avant la loi nouvelle, on ne manquait pas de désigner comme membres du conseil de surveillance les personnes dont on exploitait ainsi l'importance souvent sans même les avoir consultées. L'article 6 a rendu cet abus impossible.

Restait la ressource de prétendre associés ceux dont on aurait fait autrefois des membres du conseil de surveillance.

De cette manière on se ménageait au moins le bénéfice de l'exemple, d'autant plus influent qu'il serait parti de plus haut. C'est cette ressource que le second paragraphe de l'article 13 a pour effet de supprimer, sous peine de l'application de l'article 405 du Code pénal.

156. Pour que la peine soit encourue, il faut qu'il y ait eu publication ; que les personnes qui ont été désignées comme étant ou devant être attachées à la société à un titre quelconque ne lui aient jamais appartenu, ni dû lui appartenir ; enfin que la publication de leurs noms ait été faite de mauvaise foi. Cette dernière condition peut paraître singulière, Comment, en effet, supposer la bonne foi si la publication est contraire à la vérité ? Les termes de l'article paraissent cependant l'admettre.

L'inexactitude de l'expression ne saurait prévaloir sur l'esprit évident de la loi. Il ne saurait y avoir bonne foi que si, lors de la publication, son auteur a pu sérieusement croire au concours actuel ou prochain de celui ou de ceux qu'il désignait. Si cette conviction n'a pas existé, si elle ne pouvait exister, la condition de la loi est acquise, la publication a été faite de mauvaise foi, et entraîne dès lors l'application de la peine édictée.

157. 3° Les gérants qui, en l'absence d'inventaires, ou au moyen d'inventaires frauduleux, ont opéré entre les actionnaires la répartition de dividendes non acquis à la société.

Nous avons déjà indiqué les conséquences de ces dividendes fictifs, pris sur le capital et qui, l'absorbant graduellement, atteignent la société dans son élément le plus essentiel, la conduisent à la ruine, au grand détriment du public, des associés eux-mêmes.

Nous avons vu quel était, à cet égard, le mandat du conseil de surveillance, quelle est sa responsabilité. Cette peine, juste pour les membres de ce conseil, aurait été souvent illusoire et vaine pour le gérant. D'ailleurs, ses torts bien autrement graves méritaient une répression plus sévère, donc en lui infligeant la peine de l'article 405 du Code pénal, le législateur n'a fait que suivre les inspirations de la plus saine raison.

158. Cette peine consiste dans un emprisonnement d'un an au moins, de cinq ans au plus, et d'une amende de cinquante à trois mille francs ; enfin, de l'interdiction des droits mentionnés en l'article 42 du Code pénal pendant cinq ans au moins et dix ans au plus ; cette dernière est simplement facultative.

En présence d'une peine pareille, le législateur a compris que des modifications pourraient être indispensables pour l'administration d'une exacte justice. Bien que graves par eux-mêmes, les faits prévus par les trois numéros de l'article 13 ne le seront pas toujours au même titre, dans les mêmes proportions. L'intention de l'auteur, les circonstances dans lesquelles il s'est trouvé peuvent l'excuser jusqu'à un certain point. La faculté de recourir à l'article 463 du Code pénal a donc été concédée aux tribunaux. Elle pouvait l'être sans danger. Plus que personne les magistrats ont déploré les scandales et les abus que la loi tend à réprimer. On ne doit pas craindre qu'ils se prêtent à les encourager par une indulgence qui pourrait devenir funeste.

159. Le caractère de l'article 13 ressort nettement de ses termes : *sont punis*, etc... Ce qui s'en induit, c'est que dans les hypothèses qu'il prévoit la matérialité du fait en détermine la culpabilité, et rend la condamnation inévitable et forcée.

Sans doute, les tribunaux ont toujours le droit d'apprécier l'acte qui leur est déféré. Mais à l'endroit de l'article 13, cette appréciation se borne à constater si cet acte rentre ou non dans une des catégories prévues; la solution négative motiverait légalement l'acquittement du prévenu.

Mais la solution contraire ne laisse plus au juge la faculté de prononcer cet acquittement. Il est obligé de condamner, sauf, dans l'application de la peine, de tenir compte des inspirations que lui dicte sa conscience.

ARTICLE 14.

Lorsque les actionnaires d'une société en commandite par actions ont à soutenir collectivement et dans un intérêt commun, comme demandeurs ou comme défendeurs, un procès contre les gérants ou contre les membres du conseil de surveillance, ils sont représentés par des commissaires nommés en assemblée générale.

Lorsque quelques actionnaires seulement sont engagés comme demandeurs ou comme défendeurs dans la contestation, les commissaires sont nommés dans une assemblée spéciale composée des actionnaires parties au procès.

Dans le cas où un obstacle quelconque empêcherait

la nomination des commissaires par l'assemblée générale ou par l'assemblée spéciale, il y sera pourvu par
le tribunal de commerce sur la requête de la partie la
plus diligente.

Nonobstant la nomination des commissaires, chaque
actionnaire a le droit d'intervenir personnellement dans
l'instance, à la charge de supporter les frais de son
intervention.

ARTICLE 15.

Les sociétés en commandite par actions actuellement
existantes, et qui n'ont pas de conseil de surveillance,
sont tenues, dans le délai de six mois, à partir de la
promulgation de la présente loi, de constituer un conseil
de surveillance.

Ce conseil est nommé conformément aux dispositions
de l'article 5.

Les conseils déjà existants, et ceux qui sont nommés
en exécution du présent article, exercent les droits et
remplissent les obligations déterminés par les articles 8
et 9; ils sont soumis à la responsabilité prévue par l'article 10.

A défaut de constitution du conseil de surveillance,
dans le délai ci-dessus fixé, chaque actionnaire a le
droit de faire prononcer la dissolution de la société.
Néanmoins, un nouveau délai peut être accordé par les
tribunaux, à raison des circonstances.

L'article 14 est également applicable aux sociétés
actuellement existantes.

160. En thèse ordinaire et de droit commun, le gérant est le représentant légal de la société ; seul il en a les actions soit actives, soit passives ; les jugements obtenus par lui ou rendus contre lui, en sa qualité, lient tous ses associés, et acquièrent pour ou contre chacun d'eux l'autorité de la chose jugée.

La loi n'avait donc pas à se préoccuper de cette hypothèse : les actions intentées par la société contre des tiers, ou par des tiers contre la société. Le principe que nous venons de rappeler protégeait suffisamment l'intérêt collectif, puisque le gérant ne pouvait faire valoir ses droits propres sans faire valoir en même temps ceux de tous ses associés.

Mais les difficultés surgissant entre le gérant d'un côté et les actionnaires de l'autre offraient un caractère bien différent. La division d'intérêts rompait, en quelque sorte, le faisceau dont le gérant disposait légalement, il n'y avait donc plus, quant à ce, de masse, d'être moral proprement dit. Les individualités se substituaient à la généralité, qui n'avait plus de mandataire soit légal, soit conventionnel, puisque la loi ne s'est occupée de la représentation de la société que vis-à-vis des tiers; et qu'en conservant au gérant le droit de les représenter, par le fait seul de l'association, les actionnaires n'ont ni délégué ni pu déléguer aucun d'entre eux pour agir au nom de tous.

De là la nécessité, lorsqu'un procès surgissait entre eux et le gérant, de les mettre tous en cause, lorsque surtout ce dernier, agissant comme demandeur, voulait donner à la décision à intervenir un caractère obligatoire et définitif contre tous.

La loi nouvelle a voulu mettre un terme à un état de choses qui, disait avec raison l'exposé des motifs, par le nombre des parties, par la difficulté de les connaître, par l'éloignement de leur domicile respectif, créait des embarras considérables, suscitait des longueurs et entraînait des frais énormes, qui, d'ailleurs, n'avait rien de réellement utile,

Il était d'autant plus sage d'y pourvoir que la loi nouvelle, par la responsabilité qu'elle édicte soit pour les gérants, soit pour les membres du conseil de surveillance, multiplie les occasions de trouver et de mettre en présence, d'une part, l'intérêt des gérants ou des membres du conseil de surveillance, de l'autre l'intérêt collectif et commun des actionnaires.

Le législateur n'a pas voulu autoriser cent, deux cents procès, là où un seul pouvait suffire. Il veut donc que, toutes les fois où le double intérêt que nous venons de signaler se trouvera engagé, les actionnaires soient tous représentés par des commissaires spéciaux qu'ils sont appelés à choisir.

Or, ce qui était juste dans l'hypothèse d'un intérêt général et collectif ne l'était pas moins dans celle d'un intérêt distinct entre fractions d'actionnaires. On devait donc faire dans ce cas ce qu'on faisait dans le premier ; chaque fraction est autorisée à déléguer des commissaires chargés de les représenter tous et de faire valoir leurs droits.

161. Cette délégation devant être le fait de tous les intéressés ne peut avoir lieu que dans une assemblée générale dans le premier cas, spéciale dans le second. Nous voyons dans cette disposition de la loi la concession forcée aux actionnaires de la faculté de convoquer l'assemblée générale ou spéciale. Pouvait-on, en effet, s'en remettre de cette convocation au gérant ou au conseil de surveillance? Evidemment l'un et l'autre n'ont intérêt à faire nommer les adversaires contre lesquels ils doivent agir que lorsqu'ils sont eux-mêmes demandeurs. On comprend combien ils seraient peu jaloux d'y arriver lorsque, poursuivis pour contravention à leurs devoirs, l'issue du procès pourrait être la consécration de la responsabilité qu'ils auraient encourue.

C'est donc aux actionnaires qu'est laissé le soin de se convoquer, de se concerter, de s'entendre. Le plus diligent d'entre eux ne; doit pas hésiter à prendre l'initiative d'une mesure utile à tous.

162. La faculté pour les actionnaires de plaider par des commissaires, ayant son fondement dans le désir de lever les embarras, d'économiser les longueurs et les frais, ne devait pas être laissée à la libre volonté des actionnaires, il fallait la leur imposer. L'article 14 prouve que telle a bien été l'intention du législateur. En effet, ne pouvant se dissimuler les difficultés que présente la réunion d'actionnaires disséminés à des distances plus ou moins grandes, celles qui résultent de la négligence qu'on ne met que trop habituellement à se rendre à ces réunions, il a formellement déféré la nomination des commissaires aux tribunaux de commerce.

Il ne dépend donc de personne de rendre inutile la précaution prise par le législateur; quel que soit l'obstacle s'opposant à la nomination des commissaires, les tribunaux sont appelés à le lever. Il suffit que les actionnaires n'aient pu ou n'aient pas voulu s'entendre pour que, sur la requête de la partie la plus diligente, le tribunal de commerce procède lui-même à cette nomination.

163. Cette requête n'a pas besoin d'être signifiée aux actionnaires intéressés. Il eût été absurde que, pour éviter les embarras, les longueurs et les frais d'une mise en cause individuelle, on commençât par les subir.

Les actionnaires ne sont donc pas parties nécessaires

dans la poursuite en nomination des commissaires. L'intervention de la justice est une garantie suffisante. D'ailleurs dès que l'intérêt est collectif et commun, celui qui poursuit cette nomination, en protégeant le sien propre, protége forcément celui de tous. La difficulté ne pourrait donc jamais se référer qu'au plus ou moins de capacité des élus, que relativement à la partialité qu'on leur supposerait à l'endroit du gérant ou des membres du conseil de surveillance. Or, à moins d'une erreur difficile à admettre, on peut tenir pour certain que les magistrats sauront faire un choix convenable sous tous les rapports.

164. Quoi qu'il en soit, ce qui résultait de l'exécution de l'article 14, c'est que les commissaires élus en assemblée générale ou spéciale n'auraient recueilli que la majorité, que dans certains cas l'élection faite par la justice serait étrangère aux véritables intéressés. Dans l'un et dans l'autre cas des doutes pouvaient naître chez certains actionnaires, et inspirer des craintes sur le sort du mandat confié.

Cette supposition n'a pas échappé au législateur, et le paragraphe final de l'article 14 indique comment il a voulu remédier à ce doute et à ces craintes.

Chaque actionnaire peut à son gré intervenir dans l'instance, nonobstant la nomination des commissaires, y surveiller ses intérêts, et suppléer aux négligences ou aux omissions que ceux-ci pourraient commettre.

Mais on comprend que cette intervention toute d'intérêt personnel ne pouvait aggraver la position de la partie qui succomberait, en lui imputant l'obligation de

payer des frais qu'elle n'eût pas supportés si l'intervention n'avait pas eu lieu. Il n'y a donc rien que de juste
à avoir fait du payement des frais occasionnés par cette
intervention la condition absolue de sa réalisation.

165. Les contestations auxquelles se réfère l'article 14
naissent évidemment entre associés et à raison de la
société. Elles constituent donc ces litiges sociaux que
l'article 51 du Code de commerce déférait aux arbitres.

L'abrogation de l'arbitrage forcé en restitue la connaissance à la juridiction consulaire, elle est exclusivement compétente ; les parties seraient contraintes d'y
recourir, à moins qu'elles ne consentissent un compromis.

Mais celui-ci ne serait obligatoire que pour ceux qui
l'auraient volontairement souscrit ; donc pour pouvoir
être opposé aux actionnaires, il faudrait que chacun
d'eux l'eût revêtu de sa signature.

166. Les commissaires nommés en vertu de l'article 14, n'ayant pouvoir que de représenter les actionnaires en justice, n'ont pas le droit de compromettre.
Le compromis qu'ils auraient provoqué serait donc nul
et de nul effet, à moins que nommés par l'unanimité
des intéressés, ils eussent été expressément autorisés à
le faire par l'acte de nomination ; il en serait de même
pour le droit de transiger.

167. Les dispositions de l'article 14 ne réglant que
le mode de la procédure régissaient de plein droit l'avenir, soit que la société eût suivi leur promulgation,
soit qu'elle l'eût précédée ; quoique cette règle n'ait
jamais été contestée ni méconnue, le législateur a cru

devoir s'en expliquer formellement, en déclarant dans l'article 15 que l'article 14 est applicable aux sociétés actuellement existantes.

168. Quelle influence devait avoir la loi nouvelle sur ces sociétés ? C'était la question que la création de la loi faisait naturellement naître. La solution de cette question était en quelque sorte commandée par le principe de la non-rétroactivité des lois créant des obligations ou des droits sociaux nouveaux.

Aussi ne pouvait-il être question pour les sociétés anciennes ni de la souscription du capital entier, ni du versement du quart, ni du caractère nominatif des actions jusqu'à leur libération, ni de leur innégociabilité jusqu'après versement des deux cinquièmes, ni enfin de la responsabilité indéfinie des premiers souscripteurs.

169. Que devait-il en être du conseil de surveillance ? Pouvait-on contraindre les sociétés qui n'en avaient point à en élire un, ou exiger une nomination nouvelle de celui qui avait déjà été institué ? Devait-on soumettre les conseils existants aux obligations, leur accorder des droits, les déclarer passibles de la responsabilité auxquels la loi nouvelle soumet les conseils à élire depuis sa promulgation ?

Le Conseil d'État n'avait vu dans tout ce qui concerne les conseils de surveillance que des règles relatives à l'administration, qui, n'altérant en rien les droits acquis, pouvaient, sans porter atteinte au principe de la non-rétroactivité, recevoir une application immédiate dans les sociétés existantes.

En conséquence dans le projet de loi, il avait, ainsi formulé l'article 15 : Les sociétés en commandite par actions actuellement existantes sont tenues, dans les six mois à partir de la promulgation de la présente loi, de constituer un conseil de surveillance. Ce conseil est nommé conformément à l'article 4, ce qui entraînait la réélection des conseils existants déjà.

170. La commission du Corps législatif émit d'abord l'avis que l'article devait être purement et simplement retranché. Sur le refus du Conseil d'État, elle se réduisit à en poursuivre la modification. Elle proposa donc de ne rendre l'institution d'un conseil de surveillance obligatoire que pour les sociétés qui n'en auraient encore aucun. La nomination régulièrement faite avant la loi constituait, dans son opinion, un droit acquis, auquel on ne pouvait toucher sans donner à la loi un effet rétroactif. A quoi bon d'ailleurs un remplacement, ajoutait-elle; qu'importent, en effet, les personnes et le mode qui ont présidé à leur élection, si d'ailleurs et dans l'avenir elles ne pouvaient se soustraire aux obligations imposées par l'article 10? Aucun doute ne saurait s'élever à cet égard, les dispositions réglant les attributions et la responsabilité régissaient de plein droit l'avenir de toutes les sociétés, puisqu'elles se référaient à des actes qui s'accompliront sous leur empire.

Le Conseil d'État ayant acquiescé au vœu de la commission, la modification proposée par elle est devenue l'article 15 de la loi qui, tout en dispensant d'une réélection les conseils existants, les déclare expressément tenus, comme ceux à élire, de toutes les obligations déterminées par les articles 8 et 9, et de la responsabilité édictée par l'article 10, et leur confère les droits et les attributions accordés par les deux premiers.

171. Les sociétés dont la constitution a précédé la loi conservent donc le caractère et la forme que leur donnent les statuts; leurs actions sont reconnues et valables, même dans l'hypothèse d'une émission nouvelle, en conformité de ces mêmes statuts ; mais si elles n'ont pas de conseil de surveillance, elles doivent en instituer un en la forme prescrite par l'article 5.

Le délai de cette institution est de six mois, à partir de la promulgation de la présente loi. L'expiration de ce délai, sans qu'il y ait été procédé, ouvre, pour chaque actionnaire, le droit de poursuivre et de faire prononcer la dissolution de la société et sa liquidation.

Dans le projet du Conseil d'État ce délai était fatal, et son expiration rendait la dissolution obligatoire pour les tribunaux. Mais il pouvait se faire que l'inobservation fût moins l'effet de la volonté ou de la faute du gérant, que la conséquence de circonstances purement fortuites et indépendantes de cette volonté. Il parut donc juste à la commission de permettre d'accorder un second délai, et c'est ce que le Conseil d'État admit également.

Les tribunaux peuvent donc refuser en l'état la dissolution demandée, et accorder au gérant une prolongation de délai qu'ils déterminent. L'exercice de cette faculté est naturellement subordonné à la preuve que le gérant fera de sa diligence et des efforts par lui tentés pour amener l'exécution dans le délai de la loi. La prolongation ne serait motivée par rien si l'inobservation n'était que le résultat d'une mauvaise volonté ou de la négligence.

172. Nous avons déjà examiné et résolu la question de savoir si la loi nouvelle était applicable aux sociétés civiles, en nous prononçant pour la négative [1].

Si cette solution est fondée, et nous la croyons telle, il est évident que les exigences de l'article 15 ne sont pas obligatoires pour les sociétés civiles.

Comment d'ailleurs hésiter en présence du texte de cet article? On a pu, par un véritable abus, donner à la société civile le nom de commandite, en diviser le capital en actions, soit nominatives, soit au porteur, mais non lui en imprimer le caractère et les effets. Ce qui constitue la commandite, c'est la perte limitée à la mise : or, nonobstant toutes stipulations contraires, les associés civils supportent leur part et portion de cette perte, dût cette portion excéder leur intérêt social.

Donc la société civile n'a jamais été ni pu être une commandite ; elle échappe dès lors à la disposition de l'article 15, ne régissant nommément et spécialement que les sociétés en commandite.

[1] *Sup.*, n. 58.

FIN.

9 782329 095387